Secretos de belleza

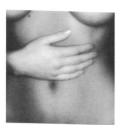

Secretos de belleza

**Trucos y consejos
para sentirse guapa y seductora**

Kate Cook

nowtilus

Colección: Ideas brillantes
www.52ideasbrillantes.com

Título: Secretos de belleza
Título original: Whole health
Autora: Kate Cook
Traducción: Diana Villanueva Romero para Grupo ROS

Edición original en lengua inglesa:
© The Infinite Ideas Company Limited, 2005
Edición española:
© 2009 Ediciones Nowtilus, S.L.
Doña Juana I de Castilla 44, 3º C, 28027 - Madrid

Editor: Santos Rodríguez
Responsable editorial: José Luis Torres Vitolas

Realización de cubiertas: Murray
Realización de interiores: Ediciones Gráficas Arial

Diseño colección: Baseline Arts Ltd, Oxford

ISBN: 978-84-9763-744-2
Fecha de edición: Junio 2009
Depósito legal: Z-1.989/2009

Impreso en España
Imprime: Línea 2015 S.L.

Índice

Índice

Notas brillantes

Cada capítulo de este libro está diseñado para proporcionarte una idea que te sirva de inspiración y que sea a la vez fácil de leer y de poner en práctica.

En muchos de los capítulos encontrarás unas notas que te ayudarán a llegar al fondo de la cuestión:

- *Una buena idea...* Si esta idea te parece todo un revulsivo para tu vida, no hay tiempo que perder. Esta sección aborda una cuestión fundamental relacionada directamente con el tema de cada capítulo y te ayuda a profundizar en ella.

- *La frase.* Palabras de sabiduría de los maestros y maestras en la materia y también de algunos que no lo son tanto.

- *¿Cuál es tu duda?* Si te ha ido bien desde el principio, intenta esconder tu sorpresa. Si por el contrario no es así, este es un apartado de preguntas y respuestas que señala problemas comunes y cómo superarlos.

Introducción

Dejemos una cosa clara: la belleza es solo pura apariencia. Admito sin lugar a ninguna duda que tu aspecto no va a lograr la paz mundial, no va a erradicar la pobreza ni ha detener el calentamiento global. La belleza (y su consecución) es algo banal, superficial, auto indulgente y frívolo.

Dicho esto, nadie puede negar que cómo nos sentimos acerca de nuestro aspecto está tan estrechamente ligado a nuestra confianza en nosotros mismos y a nuestra felicidad que merece algunas (aunque no todas) las columnas que se le han dedicado a este tema, aunque sin esa solemnidad. Si a esto le añadimos el hecho de que los hábitos frívolos y auto indulgentes son positivos y saludables y por lo general placenteros en pequeñas dosis, existen todo tipo de justificaciones para la existencia de otro libro sobre cómo tener buen aspecto: este libro.

Pero ¿en qué es este diferente? Me gusta pensar en este libro como en algo más que una simple guía para ayudarte a arreglar una uña rota o depilarte perfectamente las cejas. Se trata de una aproximación holística a estar y sentirte lo mejor posible. No se hace referencia a marcas, productos o intervenciones quirúrgicas concretas, ni tampoco se recomiendan dietas para "empezar" y "dejar". Se trata de un libro de belleza y forma de vida que incluye consejos concretos para sacarle el mayor provecho a tus aspectos positivos, aumentar tu autoestima y embellecer tu mundo.

Entonces ¿con qué belleza nacemos? Es indiscutible que la belleza (que según los antropólogos se basa en facciones simétricas infantiles: grandes ojos, nariz pequeña, melena abundante y lisa, piel suave y esqueleto pequeño) es algo con lo que nacemos. Pero a medida que pasan los años, nos percatamos de que mostrar confianza en una misma, tener gracia y buen carácter, encanto, un estilo impecable, saber arreglarse y tener vitalidad pueden convertir a una mujer moderadamente atractiva en alguien realmente atractivo e increíble. Una vez que te rodeas de objetos bonitos y te sometes a una sesión de lujos y mimos, empieza a emerger en ti tu encanto natural.

Los genes y un esqueleto adecuado aparte, personalmente creo que una dieta equilibrada y el ejercicio regular son la piedra angular de un buen aspecto. Sin estos dos factores no tendrás el mejor aspecto posible, y además la energía y *joie de vivre* que te proporciona un buen ejercicio está todavía por venderse embotellada (en sustancias legales en cualquier caso). En este libro se proporcionan ideas sobre cómo hacer que te guste practicar ejercicio, cómo eliminar unas cuantas calorías de tu dieta diaria sin que suponga un sufrimiento y sin que te sientas privada y miserable, y cómo obtener los máximos resultados con un mínimo esfuerzo.

He dedicado algunas de estas ideas a cómo calmar tu mente y limpiar profundamente tus pensamientos para eliminar los negativos. También hay muchos trucos sobre cómo emanar confianza en ti misma simplemente cambiando tu postura, tu forma de andar y de hablar, y algunas técnicas muy ingeniosas sobre cómo mejorar tu auto estima en las ocasiones en que escaseas de ella: en la playa, en las fiestas o cuando tienes una cita.

Para tener buen aspecto no debería ser estrictamente necesario gastar mucho dinero, acudir a un sin fin de terapeutas y estilistas, someterse a una buena cirugía ni abrir una cuenta en Chanel. Puedes conseguirlo por poco dinero: solo necesitas unas cuantas buenas ideas, las herramientas necesarias y privacidad.

¿Por qué no considerar este libro como tu propia guía para descubrir tu yo más estupendo, fuerte y atractivo y aprender cómo encandilar a todos los que te rodean?

Ya sea eso o un ejemplo absolutamente frívolo y auto indulgente de la mítica fragilidad de las mujeres (que también resulta condenadamente atractiva).

1

Mejora tu aspecto

¡Noticia de última hora! No es necesario que seas guapa para que los demás te perciban como tal. El secreto para tener buen aspecto es tener confianza en ti misma. Empieza por aplicar algunos trucos para mejorar tu auto estima.

Piensa un momento en todas tus amigas, compañeras y conocidas. No son todas unas bellezas, ¿verdad? Pero aún así, ¿cuántas de las que no son una "belleza" convencional emanan una especie de aureola de diosa?

Esto es algo más que "encanto" y menos obvio que el mero atractivo sexual, aunque puede que también lo tengan. Se trata de una creencia intrínseca y *joie de vivre* que hace incluso de una mujer "casera" una persona de alguna forma magnética. Algunas personas tienen bolsas repletas de esto; puede que tuvieran la suerte de adquirirlo durante su infancia. Sin embargo, si tú no lo conseguiste, no es necesario que dediques horas y horas de terapia a conseguir un poco. La confianza en ti misma (ya sea real o fingida) es un truco de belleza que todas podemos aprender.

Los instructores y siquiatras sugieren que nos digamos a nosotros mismos lo fantásticos que somos a cada momento. Pero en realidad, la mayoría temblamos solo de pensarlo, así que te sugiero que en lugar de ello enumeres tus mejores cualidades. Adelante. Anótalas en un papel bajo un encabezado del tipo "Cosas que me gustan de mí" o "Mis mejores partes". ¿Ves? Seguro que ya te sientes mejor. Otra alternativa es hacer una lista de todos los cumplidos que hayas recibido, desde las dulces palabras que te susurraron tus ex hasta los cumplidos que te hayan dedicado otras mujeres (que extrañamente normalmente cuentan más). En momentos de duda sobre ti, consulta la lista.

Una buena idea

Coloca en un álbum de fotos todas las fotografías en las que estés más guapa y échales un vistazo cada vez que te sientas insegura.

En segundo lugar, céntrate en las partes que más te gustan de ti y dedícate a mimarlas. Si te dicen que tienes unas piernas bonitas, resáltalas. Por ejemplo, date el gusto de comprarte un aceite corporal realmente caro para hidratarlas, cómprate unos zapatos indescriptiblemente poco prácticos o incorpora unas cuantas minifaldas nuevas a tu armario. Si tu pelo es tu único punto fuerte, córtatelo con regularidad y experimenta con nuevos looks y accesorios. La clave para reconocer y admitir que eres atractiva reside en hacer todo lo posible por realzar tus mejores cualidades físicas y mostrarlas de la mejor manera posible.

Mimarte de manera regular es una forma estupenda de fomentar la confianza en ti. ¿No te sientes mucho más atractiva después de someterte a una sesión de manicura o limpieza facial o después de haberte puesto una gota de un nuevo perfume? No se trata de gastarse una fortuna, si no de ser consciente de que mimarte con los caprichitos femeninos puede mejorar notablemente tu amor propio y ayudarte a estar resplandeciente, ya sea simplemente tomando un magnífico baño de sales o luciendo tu vestido más caro y sensual solo por el placer de hacerlo. Estar siempre guapa debe ser un placer para ti.

Pero, ¿qué ocurre si tienes sobrepeso, has perdido la línea o tienes más michelines que hace dos, cinco o diez años y tu armario es testigo mudo de la joven belleza que fuiste en un tiempo y de la torpe pato mareado que eres ahora y que está destinada a empeorar aún más? Pues en este caso tienes dos opciones. En primer lugar, haz todo lo que se indicó anteriormente, y en segundo lugar deshazte de toda esa ropa de talla pequeña (solo servirá para deprimirte) y empieza a reunir un nuevo guardarropa completamente nuevo con prendas de tu talla que te favorezcan.

También te sugiero que empieces a hacer algo de ejercicio, nada excesivo, pero sí algo suave y con regularidad. El simple hecho de mover un poco tu cuerpo puede ayudarte a mejorar tu estado de ánimo, mejorar tu aspecto físico y conferirte seguridad acerca de tu físico. ¡Y antes de darte cuenta habrás perdido unos cuantos kilos! Intenta practicar al menos veinte minutos de ejercicio tres veces a la semana. Es bastante adictivo, así que seguramente querrás aumentar el tiempo que le dedicas, pero si por el contrario se convierte en una carga para ti recuerda que estás haciendo algo positivo para mejorar tu aspecto y considéralo como una forma de conseguir sentirte segura de ti misma. ¡Y además esto es mucho más barato que una liposucción facial!

¿Cuál es tu duda?

P Trabajo en un ambiente en el que me siento bastante asexuada. ¿Cómo puedo llamar un poco la atención?

R *Muchas mujeres que trabajan en este tipo de entornos se sienten de la misma forma, sobre todo en el caso de las profesiones dominadas por los hombres y aquellas en las que hay que llevar uniformes azules o negros. Negar tu femineidad puede suponer la supresión de una parte intrínseca de ti misma. Por lo tanto, aunque en tu trabajo tengas que llevar un uniforme horrible como si estuvieras en la cárcel, compénsalo el resto del tiempo realizando los típicos rituales femeninos, como tomar un largo baño a la luz de unas velas de olores deliciosos, someterte a una sesión de pedicura, lucir un vaporoso vestido de verano o darte una vuelta sobre un par de tacones muy caros.*

P No me siento segura acerca de mi aspecto y el hecho de asistir a una fiesta o acudir a una cita me produce tanto estrés que no consigo divertirme. ¿Cómo puedo adquirir confianza en mí misma y empezar a disfrutar de la vida?

R *Ensaya, ensaya y ensaya. Prueba de antemano tu vestuario y maquillaje; organiza una reunión sobre belleza. Antes de salir, invita a algunas amigas a tomar algo para alimentar tu ego. Dedica cinco minutos a respirar profundamente: cuenta hasta cuatro mientras aspiras el aire por la nariz y suéltalo por la boca mientras cuentas hasta cinco, relajando el estómago y la espalda mientras lo haces. Perfecciona algunas frases para romper el hielo. Usa tacones: es imposible no sentirse más segura cuando se es unos centímetros más alta. Pide una copa de cava y dedícate a divertirte.*

2

Limpieza a fondo

Si te has acostado alguna vez sin limpiarte el maquillaje de la cara (¿no lo hemos hecho todas?), seguramente habrás necesitado una limpieza de cutis a
fondo para recuperar un aspecto radiante.

Una piel suave y tersa es un gran lienzo en blanco, pero por desgracia tener este tipo de piel que lo
aguanta todo a diario es imposible a menos que tengamos una vecina servicial o seamos ricas.

No hay excusas para no exfoliar nuestra piel y cepillarla regularmente ya
que esto la mantiene ultra suave. No olvides utilizar una crema hidratante o
aceite de almendras a continuación. Los expertos en belleza recomiendan
pasarse un cepillo por el cuerpo todos los días antes de ducharse o bañarse,
ya que de esta forma se eliminan las células muertas de la piel y se mejora la
absorción de los productos de belleza. También se dice que mejora la circulación y estimula las glándulas linfáticas, encargadas de eliminar las toxinas
del cuerpo. ¿Cómo se hace? Se toma el cepillo corporal y, después de asegu-
rarse de que la piel está seca, se cepilla el cuerpo en dirección al corazón durante unos cinco minutos.

También puedes mejorar tu circulación y suavizar una piel áspera con un baño fortalecedor. Para ello utiliza una buena esponja de lufa o un poco de sal marina. Pásate la esponja haciendo círculos, sobre todo por la zona de los pies, codos y rodillas. Aclárate con abundante agua y enfría la piel con un poco de agua fría.

Una buena idea

Si tienes la piel sensible y los exfoliadores faciales te resultan demasiado abrasivos, compra una tela de muselina para limpiarte la piel y exfoliarla suavemente al mismo tiempo.

Ahora vamos a centrarnos en la zona de la cara. Primero, utiliza una loción suave para eliminar el maquillaje de los ojos (las cremas densas dejan los ojos pringosos). Realiza movimientos suaves hacia la parte interior para no dañar la piel. Después elimina el resto del maquillaje con un buen desmaquillador: empieza por la base del cuello en dirección hacia arriba y hacia el exterior de la cara con movimientos suaves pero firmes. Luego exfolia la piel para eliminar las células muertas que pueden conferirle un tono pálido a tu piel. Puedes utilizar un exfoliador casero muy práctico mezclando un puñado de avena con el doble de crema; frota suavemente y aclara con agua.

Después, llena un cuenco con agua caliente (sin que hierva) y agrega unas gotas de aceite esencial, como por ejemplo de lavanda o de eucalipto. Cúbrete la cabeza con una toalla e inhala durante cinco minutos (no lo hagas si tienes tendencia a que se te rompan capilares de la nariz o las mejillas). Aprovecha la oportunidad para arreglarte las cejas, ya que la depilación resulta menos dolorosa porque los poros están abiertos.

Después aplícate una máscara facial. Si quieres utilizar un método casero, machaca un aguacate y aplícatelo con un masaje sobre la cara (el aguacate es un hidratante natural). Otra alternativa para tratar la piel grasa es aplicarse un huevo batido. Elimina la máscara con agua tibia y sécate la cara suavemente. Masajea la piel durante cinco minutos utilizando un aceite de aromaterapia (o aceite de almendra natural) y luego elimina el exceso de aceite con una toalla. Aplica un gel para ojos, masajeando suavemente hacia la zona de la nariz, y termina aplicándote tu hidratante habitual.

La frase

"Estoy harta de todas esas tonterías sobre que la belleza solo es algo exterior. Pues ya es bastante. ¿Qué quieres: tener un páncreas precioso?".

JEAN KERR, escritora

¿Cuál es tu duda?:

P Reconozco que soy perezosa, pero ¿qué cuidados mínimos debería dedicarle a mi piel todas las semanas?

R *Como mínimo deberías limpiarla e hidratarla utilizando los productos adecuados a tu tipo de piel. El mejor consejo de belleza es poco y a menudo, ya que si no puedes llegar a cuidar tu piel en exceso. Por ejemplo, si utilizas demasiadas cremas limpiadoras puedes eliminar toda la grasa de la piel lo que degeneraría en una piel seca. Si tienes muy poco tiempo, basta con que te laves la cara con agua y apliques una crema hidratante básica (o con una crema limpiadora solamente). Pero asegúrate de que lo haces correctamente, sobre todo si tienes la piel grasa. Reducir la grasa al mínimo minimiza el daño que podría producir la descomposición de los aceites a causa de las bacterias. Las toallitas limpiadoras para el cuidado de la piel son una gran alternativa.*

P Es posible sobre hidratar la piel?

R *Es difícil sobre hidratarla. Sin embargo, si tienes la piel grasa los productos fuertes para pieles secas pueden obstruirte los poros, lo que a la larga favorece la formación de espinillas. La hidratación debe aplicarse a diario, sobre todo si se trata de una piel seca, ya que protege la piel, la mantiene flexible y desminuye la deshidratación* *que se produce de forma natural con el paso de los años. A partir de los treinta es aconsejable aplicarse a diario una crema de noche y cremas específicas para el contorno de ojos.*

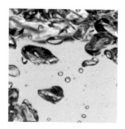 

3

Los beneficios del agua

El agua es un tónico de belleza que sale del grifo. Beber ocho vasos de agua al día te ayuda a tener más energía y a mantenerte delgada, más inteligente y positiva. Verás por qué.

Los médicos, nutricionistas, dermatólogos y expertos en belleza coinciden en que beber agua es una forma segura de disfrutar de una vida más duradera y saludable y de una piel más tersa y firme.

El agua forma parte de casi todas las funciones del organismo, desde la circulación hasta la temperatura corporal y desde la digestión hasta la expulsión de los excrementos. El agua también ayuda al cuerpo a absorber los nutrientes de los alimentos. Cuando una persona se deshidrata, el cuerpo no absorbe adecuadamente los minerales y vitaminas y no puede expulsar las toxinas de manera eficaz. Los alimentos son como una esponja: si están saturados de agua se hinchan y transfieren las vitaminas y minerales al cuerpo humano, lo que beneficia y refuerza el sistema inmunológico. El agua también es necesaria para lubricar las articulaciones y proteger los órganos y tejidos del cuerpo. Cuando no se ingiere la cantidad suficiente de agua, el volumen de la sangre disminuye, lo que no permite llenar todos los cilindros para realizar la combustión. Todo esto afecta a tu aspecto y a tu estado de ánimo.

¿Cuánta agua necesitamos realmente? El Servicio de Información sobre Agua Mineral Natural estima que alrededor del 90 por ciento de la población no ingiere la cantidad suficiente de fluidos. Esta carencia se ha vinculado a los dolores de cabeza, letargo, piel seca, problemas digestivos e incluso cambios de carácter.  Muchos expertos de la medicina recomiendan que un adulto de 60 kilos de peso beba entre litro y medio y dos litros (unos seis u ocho vasos de 250 ml) de líquido al día, la mayor parte del cual debe ser agua. Dicho de otra forma, deben consumirse unos 30 ml de agua por cada kilo de peso corporal o un litro por cada 1.000 calorías ingeridas.

Un buen indicador es el color de la orina: esta debe ser de un tono muy claro con un ligero toque de limón; una orina excesivamente amarilla indica que debes beber más.

Si vas de fiesta, bebe un vaso de agua por cada bebida alcohólica que consumas. De igual forma, toma por lo menos medio vaso de agua por cada bebida con cafeína que tomes (como el té, el café o la cola) para contrarrestar el efecto diurético que poseen. Es mejor beber de vez en cuando que ingerir grandes cantidades de agua de una vez; los expertos afirman que esto último es como verter agua sobre una hoja seca, lo cual no es la mejor forma de absorberla.

Una buena idea

También puedes comer los fluidos. La fruta y verdura es agua en su mayor parte: los albaricoques, las uvas, melones, melocotones, fresas, pepinos, mangos, naranjas y pimientos contienen más de un 75 por ciento de agua. Los pescados como las sardinas, caballa, salmón y atún también contienen un 50 por ciento de agua.

TRUCO DE BELLEZA: EL AGUA PUEDE AYUDARTE A PERDER PESO

¿Con qué frecuencia confundes la sed con el hambre y optas por comer algo en lugar de beber? Esto es algo muy frecuente por lo que pagas un alto precio en calorías. Los estudios demuestran que en el 75 por ciento de los casos de las punzadas de hambre en realidad se trata de ser, así que si de repente te entra hambre y te apetece tomarte una chocolatina, prueba primero a beber un vaso de agua y así te ahorrarás unas cuantas calorías.

Un estudio realizado mostró que se puede aumentar el proceso metabólico en un 30 por ciento ingiriendo 500 ml de agua fría después de cada comida. Esto consiste en un proceso denominado termogénesis, en otras palabras, la velocidad con la que el cuerpo quema las calorías durante la digestión. Aparentemente, el hecho de beber agua fría implica que quemarás la cena mucho más deprisa. Otro estudio demostró que beber 2 litros de agua al día contribuye a quemar 150 calorías más al día. Esto también puede ayudarte a reducir el volumen del estómago porque contribuye a reducir la retención de líquidos que provoca un estómago abultado.

TRUCO DE BELLEZA: EL AGUA PUEDE AYUDARTE A ESTAR MÁS RESPLANDECIENTE Y A TENER MÁS ENERGÍA

Nadie tiene buen aspecto cuando está cansado. Se ha comprobado que el hecho de beber agua refresca tanto a nivel físico como mental, con lo que mejora el rendimiento. Los estudios demuestran que ayuda a mantener la concentración y a asimilar la información, por lo que si bebes un poco de forma regular te sentirás más resplandeciente y rebosarás frescura.

TRUCO DE BELLEZA: EL AGUA ES ESTUPENDA PARA LA PIEL

Cuando una persona se deshidrata, el cuerpo toma el agua de las partes menos importantes y la deriva hacia los órganos más importantes, por lo que la piel es la primera parte del cuerpo donde se aprecia la carencia de agua. Además, el agua también ayuda a reducir la hinchazón de la piel y los ojos porque reduce la cantidad de sal en el cuerpo. Bebe un vaso de agua antes de acostarte y utiliza una almohada alta para dormir con la cabeza elevada para evitar que los líquidos se te acumulen bajo los ojos.

¿Cuál es tu duda?:

P ¿Qué cantidad de agua hay que beber cuando hace calor o cuando se practica deporte?

R *La pérdida de agua a través del sudor puede duplicarse, con lo que es fácil deshidratarse. Cuando se practica deporte, puede perderse entre medio litro y un litro de agua por hora y hasta dos litros en condiciones de mucho calor y humedad. Procura beber alrededor de 25 ml por cada quince minutos de ejercicio.*

P ¿Qué es mejor: el agua sin gas o con gas?

R *Depende. Para calmar la sed o después de practicar deporte es mejor tomar agua sin gas, principalmente porque quizá no seas capaz de tomarte toda la cantidad necesaria para rehidratarte si se trata de una sustancia gaseosa. Por otra parte, un estudio mostró que un vaso de agua carbonatada al día puede ayudar a aliviar problemas tales como una mala digestión o la diarrea ya que según parece al chocar contra la lengua las burbujas envían un mensaje al estómago a través de los nervios de la boca, lo que pone en funcionamiento el sistema digestivo. Quizá prefieras consumir agua mineral efervescente de forma natural, ya que las demás contienen dióxido de carbono que, según algunos expertos, pueden impedirle al cuerpo absorber todos los minerales y nutrientes existentes en el agua.*

4

Pierde kilos
sin proponértelo

Dile adiós a las dietas. Existen formas más fáciles y menos penosas de perder peso y mantenerse sin ganarlo de nuevo. Puede que solo necesites cambiar un poco tu estilo de vida para bajar una talla.

El año que dejé de hacer dieta perdí más peso que nunca. Aún así, las dietas son como una etapa de obligado cumplimiento; todas las mujeres han probado alguna y en muchas ocasiones han terminado obsesionadas con la comida y las calorías.

Cuando trabajaba en la revista *Zest*, la editorial seguía la política de no difundir dietas de las que se inician y abandonan una y otra vez. Sabíamos por experiencia personal que no funcionaban y decenas de expertos lo habían confirmado. En lugar de esto, hablábamos en términos de hábitos alimenticios: un estilo de vida con una alimentación más saludable.

Las dietas no dan buenos resultados porque ofrecen soluciones a corto plazo que son imposibles de mantener a largo plazo. Llega un momento en que sientes tanta hambre o te sientes tan privada o aburrida que te lanzas a tomar justo lo que no está permitido o tu nutrición es tan desequilibrada que el cuerpo te reclama las calorías que necesita.

Una buena idea

Simplifica tu dieta: los expertos afirman que se tiende a comer más ante una gran variedad de alimentos.

A continuación se incluyen las diez reglas de oro de una alimentación saludable que te ayudarán a perder peso sin sufrir:

1. No dejes de desayunar

El hecho de no desayunar no te ayudará a perder peso; por el contrario, es más probable que después de haber desayunado elijas alimentos con menos calorías durante el resto del día porque este habrá puesto en marcha tu metabolismo y estarás quemando las calorías durante todo el día. Además, el cuerpo procesa mejor los carbohidratos por la mañana.

2. Come mucha fibra

Una dieta rica en fibra es una de las mejores maneras de perder peso. Un estudio realizado mostró que las personas que habían seguido una dieta baja en grasas que incluía 26 g de fibra por cada 1.000 calorías perdieron más peso que las que habían seguido una dieta más rica en grasas y más pobre en fibra (solamente 7 g al día). Puede parecer mucho, pero puedes aumentar la ingesta de fibra tomando cereales de salvado, pasta y pan integral y mucha fruta y verdura.

3. Come poca cantidad a menudo

El objetivo de esta regla es mantener los niveles de azúcar en sangre de tal forma que no sientas demasiada hambre y te lances a por el bote de las galletas. Además tu metabolismo seguirá funcionando de manera eficaz durante todo el día. Por lo tanto, divide la ingesta de calorías en cinco o seis comidas más escasas o toma aperitivos saludables de manera regular como galletas saladas, yogurt, fruta y frutos secos.

4. Vigila las raciones

Como regla general, la ración de carbohidratos (es decir, parta, arroz o patatas) debe caberte en la palma de la mano. Lo mismo debe aplicarse en el caso de las proteínas (pescado, carne, queso, etcétera). En cuanto a la fruta y verdura, puedes comer cuanto quieras.

5. Cuidado con el alcohol

Las bebidas alcohólicas están repletas de calorías vacías que no pueden almacenarse, por lo que el organismo las utiliza primero y almacena como grasa todo lo que hayas comido de más con respecto a las necesidades de tu cuerpo. El alcohol además puede debilitar tu determinación, por lo que después de un par de cervezas tienes más posibilidades de que te apetezca tomar un buen plato de curry por ejemplo. Mantente alerta con lo que bebes para no exceder la cantidad de alcohol diaria que puedes tolerar.

6. Come más despacio

Si comes deprisa acabarás comiendo más. El cerebro y el estómago tardan unos veinte minutos en darse cuenta de que estás llena, así que tómate las comidas con más calma. Come siempre sentada, deja el tenedor en el plato entre bocado y bocado y mastica mucho los alimentos antes de tragártelos.

7. Se ahorrativa en el supermercado

Nunca hagas la compra con hambre y haz siempre una lista de la compra porque así es menos probable que caigas en la tentación de comprar esas ofertas "dos por uno" tan sabrosas pero tan ricas en grasa de las patatas fritas o las chocolatinas que suele haber junto a las cajas. A menos que realices una compra grande para toda la semana, utiliza una cesta en lugar del carrito; de esta forma, cuando hayas comprado todo lo que necesitabas ¡ya no te quedará sitio para nada más!

La frase

"Pienso lo mismo de los aviones que de las dietas: me parecen cosas estupendas para que otros las utilicen".

JEAN KERR, escritora

8. Utiliza platos más pequeños

Cambia esos platos enormes por otros más pequeños de unos 20 cm de diámetro (los platos normales suelen tener entre 25 y 30 cm de diámetro), ya que tendemos a limpiar el plato independientemente de la cantidad de calorías que esto suponga.

9. Ten cuidado con los carbohidratos por la noche

Es poco probable que necesites muchos carbohidratos después de cenar, así que seguramente se almacenarán como grasa. En su lugar, tomar proteínas, como pescado, y mucha verdura.

10. Toma fruta o ensalada antes de la comida

Un estudio mostró que las mujeres que tomaban un poco de manzana o de pera antes de cada comida perdieron más peso que las que siguieron la misma dieta baja en calorías sin tomar la fruta. La fruta es muy rica en fibra, lo que contribuye a saciarte. En otro estudio, las personas que tomaban una ensalada baja en grasas de 100 calorías antes de comer después comían alrededor de un 12 por ciento menos que los que no la tomaban.

¿Cuál es tu duda?:

P En cuanto empiezo una dieta me siento fatal y acabo comiendo más. ¿Cómo puedo controlar esta ansiedad?

R *Cambia tu forma de pensar: en lugar de pensar que estás siguiendo una "dieta", piensa que estás "comiendo más sano". Si incluyes tus comidas y caprichos favoritos en tu plan para perder peso tendrás más posibilidades de controlar tu peso a largo plazo y eliminarás la mentalidad del "todo o nada" que lleva a la mayoría de la gente a pegarse un atracón. Así que permítete algún aperitivo apetitoso y una o dos copas de vino en alguna ocasión y procura comer sano el resto de las veces. Saborea cada bocado en lugar de engullir la comida.*

P ¿Cuál es la mejor forma de llenarse sin necesidad de ingerir millones de calorías?

R *Asegúrate de tomar un poco de proteínas en todas las comidas o aperitivos que hagas, como pescado, pollo, judías o lentejas. Las proteínas constituyen la mejor forma de saciar tu apetito y esto a la larga te ayudará a perder peso. Además, las proteínas son necesarias para mantener la función metabólica.*

P ¿Es necesario eliminar toda la grasa?

R *¡No! El cuerpo necesita grasa, además de que contribuye a aumentar la sensación de saciedad. Simplemente toma solo las que son sanas y buenas para la piel y el corazón, como los frutos secos, los aceites vegetales, los pescados grasos, los aguacates y las aceitunas.*

5

Masajes

No pierdas la ocasión de someterte a uno de los tratamientos más reconfortantes y relajantes para las mujeres. Deja que te den un masaje.

En una ocasión me invitaron a someterme a una sesión de un masaje indio en la cabeza para que después escribiera sobre él en una revista. Había leído que estos masajes ayudan a la gente a relajarse y dormir mejor, mejoran la claridad mental y alivian los dolores de cabeza. Sonaba estupendo.

Pero supongo que el masajista no estaba lo suficientemente preparado porque me untó la cabeza con aceite de bebé y comenzó a dar palmadas alrededor de mi cabeza durante quince minutos. ¡Quince! Terminé aturdida (ligeramente mareada) pero también me sirvió de inspiración: pensé que quizá yo misma podría convertirme en una especialista en masajes indios de cabeza, así que hice una lista mental de todos aquellos a los que me gustaría tratar.

Quiero dejar claro que no se trató de un ejemplo de la escuela más ortodoxa de masajes indios de cabeza, a los que me he sometido en más ocasiones desde entonces y me resultan felizmente relajantes. Los masajes bien realizados constituyen uno de los tratamientos más terapéuticos y restauradores. Sientan de maravilla y sus beneficios para la salud están bien documentados. Los masajes mejoran la circulación y aumentan el suministro de sangre a los órganos internos. Además han demostrado disminuir los niveles de hormonas relacionadas con el estrés. También existen estudios médicos que demuestran que los bebés sometidos a masajes frecuentes se desarrollan mejor. Otros estudios muestran que el hecho de masajear suavemente con un pincel la cara de pacientes con ataques de pánico o de niños con dificultades de aprendizaje ha servido de gran ayuda. Los masajes contribuyen también a mejorar el drenaje linfático, lo que alivia la retención de líquidos que confiere al cuerpo un aspecto hinchado.

Una buena idea

Si te has quemado con el sol, date masaje calmante con aromaterapia. Mezcla cuatro gotas de lavanda, una gota de menta y tres gotas de camomila con 15 ml de aceite de almendra y 5 ml de aceite de jojoba y masaje muy suavemente la zona quemada.

¡Unas buenas razones para irte a dar un masaje de manera regular!

Sin embargo, si tus medios económicos no te lo permiten, intenta darte el masaje tú misma. Obviamente, es casi imposible darte tú misma un masaje por todo el cuerpo, pero sí puedes darte un estupendo masaje facial con frecuencia. Prueba el siguiente tratamiento de cinco minutos una o dos veces a la semana para revitalizar la piel cansada y restaurar sus niveles de hidratación.

Empieza por darte un baño caliente para relajarte, ponte algo cómodo, bebe un vaso de agua y relájate por completo. Comienza por la respiración: inspira profundamente despacio, asegurándote de llenar los pulmones. Inspira el aire por la nariz y expúlsalo por la boca. Después frótate las manos con unas gotas de aceite facial (o aceite de almendras, de germen de trigo o de jojoba) hasta que estén calientes. Empieza por masajearte el cuello con amplios movimientos en dirección a las mejillas (hacia arriba y hacia la zona exterior), siguiendo por la nariz hasta la frente. Después mueve las puntas de los dedos sobre tu cara en pequeños movimientos circulares; empieza por el espacio entre los ojos, sobre el puente de la nariz, sigue por las sienes, la comisura de los labios y después de nuevo por las sienes. Repítelo tres veces, aumentando ligeramente la presión en cada ocasión.

Para disfrutar de un momento de placer, prueba esta estupenda técnica de auto masaje. Se basa en ejercer presión en los puntos de acupuntura y es una técnica ancestral de la que se dice que estimula el sistema nervioso meridiano y estimula el flujo de energía en el cuerpo. Es fácil, sencillo y se realiza en menos de un minuto.

Cierra los ojos y agárrate los lóbulos de las orejas con el pulgar y el índice. Frótalos enérgicamente, moviendo los dedos de arriba hacia abajo, por el borde de las orejas, una y otra vez. Hazlo durante 10 o 20 segundos; te sentirás de mejor humor al instante.

La frase

"Un toque delicado y suave bien vale una tonelada de esfuerzo".

PETER THOMSON, golfista

¿Cuál es tu duda?:

P Me encanta que me den un masaje, pero odio la idea de tener que desvestirme en público. ¿Es realmente necesario?

R *Estoy de acuerdo contigo, resulta embarazoso, pero siempre tienes la oportunidad de elegir una masajista. Dile que no te gusta desnudarte entera y seguro que ella te entiende y te indica qué puedes dejarte puesto sin que estorbe. Los masajistas profesionales salen de la habitación mientras te desvistes y te envuelves en una toalla,* *y por lo general solo destapan la parte que sea necesario. En el caso de algunos masajes incluso puedes conservar toda la ropa. Por ejemplo, el masaje tailandés se practica en el suelo y se basa en movimientos de yoga. En el caso del Shiatsu, el masajista aplica una ligera presión sobre determinados puntos sin que te tengas que desnudar. Para someterte a un masaje india de la cabeza solo tendrás que quitarte el sombrero.*

P ¿Existe alguna técnica fácil de auto masaje que pueda practicar en casa?

R *Puedes intentar estimular tus puntos de acupuntura. Uno fácil es el punto 7 del corazón, que contribuye a aliviar la ansiedad, te ayuda a adormir mejor y calma el sistema nervioso. Coloca la mano con la palma hacia arriba y dibuja una línea imaginaria desde entre tus dedos anular y meñique hasta la muñeca justo debajo. El punto de acupuntura 7 del corazón se encuentra justo en la unión de esta línea y el pliegue de la muñeca. Con el dedo pulgar de la otra mano, aplica una ligera presión sobre la muñeca; mantén la presión durante un segundo, afloja y repite la operación durante unos sesenta segundos.*

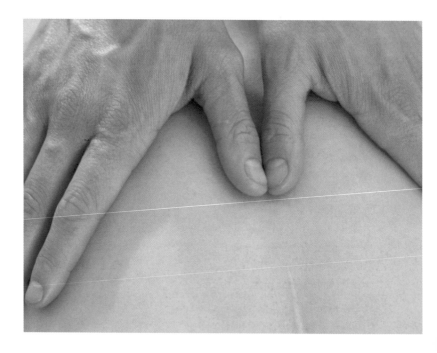

6

Salir guapa
en las fotografías

Las estrellas y los fotógrafos se saben todos los trucos. Adopta esas posturas y técnicas de maquillaje y la cámara *mentirá* cada vez que tú quieras.

Pegar la lengua al cielo del paladar hace que los músculos faciales inferiores se contraigan y tensen esa especie de doble mejilla fofa. Inténtalo delante del espejo, ¿ingenioso, verdad?

La gente tímida ante las cámaras o poco fotogénica debe mantener en mente este tipo de trucos. Saber cómo mostrar tu lado más bello te ayudará en esos horribles momentos en que a alguien se le ocurre "captar el momento".

Si miras atentamente a las modelos y famosas cuando hacen el paseíllo por la alfombra roja, observarás que adoptan una pose muy estudiada cuando se acercan los fotógrafos. ¿El resultado? Una cintura más estrecha, piernas más largas, unas caderas más esculturales.

Así que la próxima vez que tengas que enfrentarte al público, prueba alguno de los siguientes trucos recopilados de las estrellas y fotógrafos.

Una buena idea

Saca el máximo partido a tus labios. Para salir más guapa, mira a la cámara y di "Wogan". Ya sé que suena muy raro, pero las mejores modelos creen ciegamente en esta técnica.

Para salir lo más delgada posible, colócate con un pie ligeramente adelantado al otro y gira un poco sobre él de forma que el cuerpo, incluidos los hombros, forme un pequeño ángulo. El hecho de colocar las manos sobre las caderas hace que la cintura parezca más estrecha.

Si estás sentada, échate hacia delante con los codos apoyados en las rodillas; de esta forma disimularás los muslos gordos.

Aparenta estar contenta. El *froideur* estilo Greta Garbo no es siempre la actitud más favorecedora para salir en las fotos. De hecho, algunos fotógrafos profesionales insisten en que las mejores fotos son siempre aquellas en las que el protagonista aparece animado y alegre. De esta forma se capta la personalidad del sujeto. Siempre puedes mostrar tu "lado bueno" a la cámara.

Practica frente al espejo. Perfecciona una pose que te guste de forma que puedas adoptarla al instante en cuanto aparezca una cámara.

Usa ropa alegre. Los colores oscuros suelen hacer más delgada pero el negro palidece el color de la cara, así que elije ropa de colores más brillantes para la parte superior de tu cuerpo de forma que resalten tu tono de piel.

Ten cuidado con la ropa estampada de colores brillantes, ya que pueden ser demasiado llamativas y restar valor a tu cara.

¿Tienes bolsas o círculos oscuros bajo los ojos? Intenta levantar la barbilla para evitar que se formen sombras sobre tu cara.

Sonríe. No poses triste porque todo el mundo está más atractivo cuando parece estar contento. Además, una gran sonrisa aparta la atención de las zonas que menos te gusten de ti misma.

El pelo aplastado puede restarle belleza a tu cara. El pelo levantado suaviza los rasgos y centra la atención en tu sonrisa.

¡Pídele al fotógrafo que haga más de una foto! Cuantas más tome, más probabilidades hay de que salgas desde tu mejor ángulo en alguna.

TRUCOS DE MAQUILLAJE

No pienses que ocultarte bajo toneladas de maquillaje y tapar granos y manchas creará una piel de alabastro que te harán posar orgullosa frente a fotógrafos estupendos. Olvídalo. Si te pasas con el maquillaje parecerás una figura de cera o, lo que es peor, un espantapájaros. Sé sutil.

Aplícate un maquillaje suave solo donde sea necesario, como por ejemplo a los lados de la nariz y sobre los granitos.

Para evitar los brillos, utiliza un maquillaje de fórmula mate para las manchas y utiliza maquillajes cremosos y con reflejos solamente para los ojos.

Resalta tus mejores rasgos. Aplícate colorete sobre la manzana de las mejillas, utiliza unas cuantas pestañas postizas y usa una barra de labios con brillo. Pero no olvides la regla de oro del maquillaje: no sobrecargues los ojos *y* los labios. Antes de abrir la bolsa de maquillaje, decídete por uno de los dos.

Pídele al fotógrafo que espero unos minutos antes de tomar las fotos para retocarte un poco y aplicar un poco de polvos sobre las zonas brillantes. ¿A quién le importa que seas una presumida? Hay pocas cosas peores que unas fotos poco favorecedoras de tu persona de mano en mano.

La frase

"Con encanto tienes que levantarte cerca para verlo; el estilo te da una bofetada".

JOHN COOPER CLARKE, poeta y cómico

¿Cuál es tu duda?:

P   Tengo una nariz de tamaño considerable que en las fotos siempre parece enorme. ¿Cómo puedo hacer que parezca más pequeña?

R   *En este caso tienes que "dirigir" educadamente al fotógrafo. Procura que tome la foto desde arriba, ya que desde este ángulo, mirando hacia abajo, tu nariz parecerá más pequeña y los ojos más grandes.*

P   Siempre parpadeo en las fotos. ¿Cómo puedo evitarlo?

R   *Un parpadeo a deshora puede hacerte parecer borracha o simplona. Toma por norma no mirar directamente al flash para no parpadear en el momento crucial. Intenta mirar hacia la cabeza del fotógrafo o simplemente por encima de la cámara.*

7

Tratamientos
para las manos

Tus manos hablan mucho de ti. Si no puedes permitirte que te hagan la manicura de forma regular, hay formas más baratas de tener unas uñas cuidadas.

Considera tus uñas como la guinda de una tarta: el toque final de tu aspecto, zapatos, pelo y maquillaje. Unas manos bien cuidadas indican que eres una persona bien acicalada y atractiva.

Los primeros requisitos para tener unas manos bonitas es lavarlas y secarlas con frecuencia y utilizar siempre crema de manos. Ten un bote de crema cerca de cada lavabo de la casa y otro en el bolso. De acuerdo, la mayoría de las mujeres son meticulosas con su higiene y no es necesario que les recordemos que deben lavarse las manos después de ir al cuarto de baño. Sin embargo, cuanto más lo hagas, mejor. Un estudio realizado en los Estados Unidos demostró que al lavarse las manos cinco veces al día se reduce drásticamente el riesgo de contagiarse con gérmenes y caer enfermo. Este estudio se basó en un programa de lavado de manos que duró dos años y medio realizado por la marina. ¡Una de las razones por las que a todo el mundo les gustan los marineros!

Una buena idea

Para tranquilizarte en los momentos de estrés y para aliviar los dolores de cabeza y liberar la tensión en los hombros y cuello, aplica un poco de presión al punto de acupuntura que hay entre el dedo pulgar y el índice (para encontrarlo, busca el músculo que se tensa al presionar el dedo pulgar contra el índice). Presiona durante un segundo, y después repite el movimiento durante un minuto.

No subestimes el poder de un par de guantes; utiliza siempre guantes de goma para fregar y utilízalos también cada vez que manejes un producto de limpieza para la casa ya que estos resecan la piel y las uñas y las hacen quebradizas.

Hay un truco nocturno para suavizar las manos que consiste en untarse vaselina o gelatina de petróleo en las uñas, lo que reblandece notablemente las cutículas. Para obtener mejores resultados, ponte después unos guantes de goma para irte a la cama y te levantarás con unas manos súper suaves.

Según los expertos, la alimentación es muy importante para el estado de las uñas. Los mejores alimentos para las uñas son las proteínas (pescado, carne, soja, tofu, huevos), que las hacen crecer y evitan que aparezcan esas líneas blancas que a veces salen en las uñas. La vitamina B, presente en los huevos, marisco y las raíces de los vegetales, es adecuada para prevenir esas feas prominencias que salen en ocasiones. Come mucho pescado y semillas, ricos en ácidos grasos esenciales que nutren las uñas. Los alimentos ricos en zinc, como el marisco, las carnes magras y los cereales integrales, previenen la aparición de puntos blancos. ¿Se te rompen las uñas? Debes ingerir muchos alimentos ricos en calcio y vitamina A, como las zanahorias, melocotones, verduras de hoja y pescado enlatado, que contribuyen a fortalecer las uñas quebradizas.

Hazte la manicura en casa una vez a la semana o cada dos semanas y acude a un salón de manicura solo para las ocasiones especiales. Elimina la laca de uñas y límalas para darles forma con un papel de esmeril (las limas son demasiado abrasivas). No te limes las uñas como si las estuvieses serrando para no romperlas, si no que realiza movimientos suaves desde la parte exterior hacia el centro. Frota las cutículas con crema para cutículas o añade unas cuantas gotas de aceite para cutículas en un cuenco con agua caliente. Pon los dedos en remojo durante cinco minutos y después retira las cutículas con el instrumento destinado al efecto. Lávate las manos, aplica una base protectora de laca transparente a las uñas y después una capa o dos de laca de color. Deja secar durante unos veinte minutos para no estropearlo y luego añade una laca protectora.

No olvides ponerte crema protectora para el sol también en las manos. Casi nunca nos acordamos de protegérnoslas porque no suelen quemarse con el sol, pero las manos delatan la edad en mayor medida que ninguna otra zona del cuerpo e incluso pueden añadirte unos cuantos años más de forma cruel, así que cuídalas. En una ocasión trabajé con una relaciones públicas para una empresa de belleza que vivía en Los Ángeles y utilizaba guantes de cuero durante todo el día para protegerse las manos. Aunque tenía un aspecto un tanto extraño, esta táctica le daba buen resultado y tenía las manos de una veinteañera.

La frase

"Sin elegancia, la belleza es como un anzuelo sin cebo".

Proverbio francés

¿Cuál es tu duda?:

P ¿Cómo puedo disimular unas manos enormes?

R *Procura utilizar ropa con mangas anchas, ya que hacen los brazos y las manos más finas. Las joyas grandes, como los brazaletes de oro o plata macizos y los anillos* *elaborados, hacen que los dedos y las manos parezcan más pequeñas. Las manos tendrán un aspecto más femenino si las mantienes bien exfoliadas e hidratadas.*

P Tengo las uñas amarillentas. ¿Cómo puedo eliminar este tono?

R *El uso continuado de laca de uñas puede amarillear las uñas, así que llévalas al natural por lo menos uno o dos días a la semana y así recuperarán su tono rosado natural en poco tiempo. Además, límpiatelas con frecuencia y sumérgelas en zumo de limón durante unos minutos, lo que elimina las manchas sin resecar la piel.*

P ¿Existe una forma económica de cuidarse las manos sin tener que ir a que me hagan la manicura?

R *Una vez a la semana, aplícate en las manos una crema hidratante facial y deja actuar durante diez o quince minutos. Después acláratelas y date un masaje con una crema densa para las manos o un aceite natural como el de almendra.*

8

Mueve el cuerpo

El deporte tiene la virtud de mejorar tu cuerpo y hacer maravillas en tu piel. ¡Y además es gratis!Después de una sesión de ejercicio, hay pocas cosas comparables a la sensación que se experimenta: la piel brillante y los ojos chispeantes, excepto quizá el hecho de saber que acabas de quemar un montón de calorías y de reducir algunos michelines.

Como el amor, el ejercicio es una droga: puede hacer que te sientas fenomenal y fatal a la vez. Además, cuando haces ejercicio se producen hechos extraordinarios a nivel fisiológico. Cuando empiezas a moverte, el cuerpo libera endorfinas (opiáceos naturales), que bloquean los receptores de dolor de forma que te sientes casi eufórica.

El deporte es estupendo para tu estado físico también porque mejora la circulación sanguínea, lo que confiere a la piel un aspecto sano y contribuye a eliminar las impurezas. Cuando se practica ejercicio, el cuerpo segrega una hormona de crecimiento, que contribuye a reforzar y reafirmar la piel y a retrasar la aparición de arrugas. Los estudios han demostrado que la piel de los atletas es más gruesa y contiene más colágeno que la de otras personas. La buena noticia es que incluso un ejercicio moderado conlleva grandes beneficios. El objetivo es aumentar la cantidad de oxígeno en la piel. En reposo, una persona media consume alrededor de medio litro de aire en cada inspiración, pero durante la práctica de un ejercicio el consumo de aire aumenta hasta 4 ó 5 litros por inspiración, lo que significa que llega mucho más oxígeno a la piel.

Los expertos afirman que deberíamos practicar un mínimo de tres sesiones aeróbicas de veinte a treinta minutos de duración a la semana, como correr, nadar, montar en bicicleta, bailar o andar rápidamente. Si es posible, procura también realizar tres sesiones de media hora de pesas o ejercicios de resistencia, lo que aumenta la masa muscular, mejora el metabolismo del organismo y mejora la capacidad del cuerpo para tolerar los radicales libres, que provocan estragos en el cuerpo, incluida la piel. Así que deberías comprarte unas pesas o procurar andar o montar en bicicleta.

Si nunca has practicado deporte, tómatelo con calma. Empieza poco a poco y sé sensato con los objetivos que te marques. No intentes perder seis kilos en dos semanas, lo que no es ni saludable ni factible. Intenta ponerte una meta, como por ejemplo poder ponerte un determinado vestido para una celebración. Ponte una meta para cada semana, aunque solo sea dar un paseo de veinte minutos. Haz una lista de lo que harás cada semana y procura cumplirlo. Intenta también cambiar tu actitud hacia el deporte y piensa que es una forma de combatir el estrés, adquirir energía y hacer que tu piel brille y no simplemente un método para "quemar calorías".

Además ¡el ejercicio puede hacer de ti una persona más interesante! Los estudios han demostrado que los ejercicios de largo recorrido, como remar, andar, correr o nadar, fomentan la creatividad porque mientras se practican "se deja volar la imaginación". Basta con que el ejercicio dure más de diez minutos.

Intenta practicar deporte con alguna amiga; si conviertes en un acto social el hecho de hacer ejercicio, es más probable que no abandones esta práctica. Un estudio reciente demostró que la gente que hace amigos en el gimnasio tiende a practicar deporte con más frecuencia que los que no tienen compañeros en el gimnasio. Si no sueles ir al gimnasio, queda con alguna amiga para andar o hacer deporte para no aburrirte.

Si no eres un deportista nato, la clave consiste en pensar en términos de actividades en lugar de en ejercicios, ya que actividades suena menos como una obligación. Nadar, caminar, montar en bicicleta o pasear resultan mucho más atrayentes que ir al gimnasio. Son ejercicios divertidos, que queman calorías y contribuyen a modelar los muslos, las nalgas y las piernas. ¡Y además es mucho más barato que pagar la cuota de un gimnasio!

La clave para ponerte en forma es asegurarte de que practicas una serie de diferentes formas de ejercicio todas las semanas. De esta forma no te aburrirás y además tonificarás diferentes partes del cuerpo. Por lo tanto, procura nadar (se queman casi 200 calorías en media hora), después da un paseo a paso rápido (300 calorías en media hora) y haz una sesión de ejercicio o unas cuantas series de abdominales (estupendas para endurecer los pechos). El yoga también es una forma estupenda de endurecer las partes fofas de tu cuerpo y liberar el estrés. De hecho, un estudio demostró que el yoga Hatha reduce los niveles de estrés más que tomar una siesta.

La frase

"Los osos, hagan lo que hagan, crecen rechonchos sin practicar ejercicio".

Winnie The Pooh

¿Cuál es tu duda?:

P No soy persona de gimnasio y me horroriza la idea de levantar pesas o hacer aeróbic. ¿Qué me sugieres?

R *Haz algo que te divierta. Vete de vacaciones a esquiar (este deporte consume hasta 600 calorías en una hora) o apúntate a clases de salsa. Bailar es una gran ejercicio cardio-pulmonar porque aumenta el ritmo cardiaco y reduce los niveles de estrés y presión sanguínea, además de quemar entre 250 y 500 calorías en una hora.*

Además, cuando practicas una actividad que te gusta, tu cuerpo segrega serotonina, una hormona "de la felicidad" que también reduce la presión sanguínea.

P ¿Qué ejercicio es más efectivo: el que se practica al aire libre o en el gimnasio?

R *Un estudio realizado en Australia demostró que el nivel de endorfinas naturales que se alcanza cuando se practica deporte es mayor cuando el ejercicio se realiza al aire libre. Además, al practicar deporte al aire libre se adquiere una gran cantidad de vitamina D gracias a la luz solar, lo que es beneficioso para el desarrollo de los huesos, dientes y células. La práctica diaria de cinco o diez minutos de ejercicio puede contribuir a aliviar los síntomas de los desórdenes afectivos estacionales, como problemas de sueño, fatiga, ansiedad e irritabilidad. Además, al practicar deporte al aire libre también puedes tomar un poco l sol, pero no te olvides de utilizar una crema solar.*

P ¿Y qué pasa si no tengo tiempo para practicar deporte?

R *No te preocupes. Un estudio demostró que tres sesiones de diez minutos de ejercicio producen los mismos resultados beneficiosos que una sesión de treinta minutos y seguramente te resultará más fácil encontrar diez minutos libres en tu agenda. Además, el ejercicio más intenso no reporta necesariamente mayores beneficios sicológicos, ya que diez o veinte minutos de ejercicio también liberan las sustancias químicas que mejoran tu estado de ánimo.*

9

No pierdas de vista tus cejas

Las cejas pueden quitarte años de encima si te las depilas de forma adecuada. A continuación te explicamos cómo sin que parezca que estás siempre sorprendida.

Una uniceja alborotada está bien si lo que pretendes es tener el aspecto de Frida Kahlo, pero si quieres estar más guapa, más elegante y tener los ojos más grandes, debes prestarle atención a tus cejas.

Piensa que depilarte las cejas es como hacerse un lifting de la parte superior de la cara sin gastar dinero. Unas cejas arregladas, bien cuidadas, haciendo un pequeño arco ascendente de forma natural, hacen los ojos más grandes y confieren un aspecto más juvenil. Si tienes las cejas descuidadas, despeinadas, como un territorio virgen, es que se te ha pasado por alto un ruco de belleza fundamental.

¿Por dónde empezar? Hay varias opciones para depilarse las cejas dependiendo del resultado que se desee obtener. Si te has teñido el pelo con un tono más claro o más oscuro y no quieres que las cejas te delaten, puedes teñírtelas, pero esto debe hacerlo un esteticista. Tienes la posibilidad de depilártelas, hacerte la cera o incluso utilizar la técnica de las hebras, proveniente del Oriente Medio y que consiste en pequeñas hebras entrelazadas que se frotan suavemente sobre las cejas. Duele un poco, pero no enrojece la piel y a muchas mujeres les parece la técnica menos dolorosa. En la mayoría de los salones de belleza primero utilizan un poco de cera para depilar las cejas y después las terminan de arreglar con unas pinzas.

Si tuvieras que decidir qué quieres hacerte durante una sesión en el salón de belleza, deberías optar por depilarte las cejas. No cuesta mucho dinero y es una inversión excelente; si un profesional te depila las cejas dos o tres veces al año, esto te servirá como una plantilla para que tú misma puedas depilártelas en casa el resto de las veces: solo tienes que "arreglártelas" una o dos veces a la semana con la ayuda de unas pinzas.

Una buena idea

Puedes realizar un ejercicio facial que te ayudará a tonificar los músculos faciales y retrasará el proceso de envejecimiento. Todos los días, sitúate delante del espejo y levanta las cejas todo lo que puedas y a la vez abre los ojos todo lo que te sea posible; después baja las cejas y relájate. Repite este ejercicio cinco veces.

DEPILACIÓN EN CASA: LAS REGLAS

Si decides depilarte las cejas tú misma, ten cuidado: puedes cometer un terrible error y acabar pareciendo como si estuvieses permanentemente sorprendida, con la mirada furtiva o como si te acabasen de inyectar botox. Depílate siempre con buena luz y utiliza un espejo de aumento.

Primero péinate las cejas con un cepillo al efecto o con un cepillo de dientes blando. Después corta los pelos más largos con unas tijeras para las uñas.

Dales una forma natural, ligeramente arqueadas, más gruesas por la parte interior del ojo y en disminución hacia la parte exterior. Procura acentuar la curva natural del hueso que hay bajo la ceja depilándote por encima (olvida ese viejo mito, *sí* puedes depilarte sobre la ceja) y por debajo.

Las cejas deben empezar justo encima del ángulo del ojo y deben tener la misma longitud que él. Coloca un lápiz en posición vertical a lo largo de tu nariz y quítate con unas pinzas los pelos tiesos que tengas en el puente de la nariz por encima del lápiz.

Después, coloca el lápiz en diagonal desde las ventanas de la nariz hasta la parte exterior de los ojos y depílate todos los pelos que queden por fuera del lápiz para que tus ojos parezcan más grandes y para evitar que parezca que tienes sueño.

Luego dale forma al arco natural Para averiguar cuál es la parte más alta del arco, traza una línea recta imaginaria desde el borde exterior del iris hacia la ceja. Este debe ser el punto más alto del arco de las cejas. Quítate con las pinzas los pelos que haya por debajo del arco, pero no te pases: un aspecto natural siempre es lo mejor.

Si quieres que tus cejas tengan un aspecto mucho más aseado, puedes peinártelas con el cepillo de dientes o el cepillo para cejas; también puedes aplicarles vaselina o un poco de crema hidratante. Existen geles para las cejas, pero no son necesarios a menos que tus cejas sean realmente rebeldes. Sin embargo, unas cejas bien arregladas favorecen de forma instantánea, así que si quieres pueden probar a utilizar uno de estos geles.

¿Cuál es tu duda?:

P   ¡Es muy doloroso! ¿No existe algún truco para depilarse sin necesidad de anestesia general?

R   *Puedes depilarte las cejas después de bañarte ya que los poros están abiertos o después de aplicarte una toalla húmeda caliente en la zona de la frente. También te resultará más fácil depilarte si mientras lo haces tiras de la piel para tensarla todo cuanto sea posible. Depílate siempre en la dirección de crecimiento del vello para*

---

reducir el tirón al mínimo y cuando hayas terminado aplícate hielo para reducir el enrojecimiento y aliviar la quemazón.

P ¿Es posible pasarse con la depilación y acabar sin cejas?

R *Sí. Con el paso del tiempo las cejas pierden densidad y se van haciendo más finas, y una depilación excesiva de manera frecuente no ayuda en absoluto. Además, si te depilas con la suficiente frecuencia, puede que el pelo de las cejas deje incluso de crecer. ¡Así que intenta no volverte loca con las pinzas!*

P Tengo un lápiz de cejas pero no sé cuándo debo usarlo e incluso si debo hacerlo.

R *Si tienes las cejas iguales y simétricas no lo necesitarás en realidad. Pero si te las has depilado en exceso y quieres "restaurarlas", puedes utilizar el lápiz para cejas para disimularlas. Pero evita ese look de cejas pintadas de forma obvia; por el contrario, combina el lápiz con un poco de sombra de ojos. Utiliza una sombra del mismo color que tu pelo o ligeramente más oscuro y aplícala con una brocha pequeña. Procura que no sea muy oscura o tendrás un aspecto teatral.*

10

Purifica tu mente

¿Se aprecia el estrés en tu cara? ¿Tienes los ojos rojos de no dormir? Prueba a darte un delicioso y restaurador baño mental y en pocos minutos tendrás un aspecto mucho más atractivo y te sentirás mejor.

¿Equivale una mente pura a atractivo personal? Vale, tienes razón al cuestionar esta teoría, sobre todo porque la mayor parte de los hombres creen que cuanto más sucia sea la mente, más estupenda es la mujer...

Pero dejemos esto de lado por un momento. Vamos a imaginar un día normal en la vida de una mujer cualquiera. Se levanta al amanecer, busca como puede ropa limpia, se dirige a duras penas hacia la cocina para tomarse un café, una tostada si tiene suerte, y después sale disparada al trabajo a donde llega después de un horrible viaje. Pasa un día agotador en la oficina, donde tiene que tratar con clientes difíciles y compañeros duros de pelar. O quizá se quede en casa aguantando las exigencias de un pequeño megalomaniaco. Añade a todo esto la colada, lavar los platos, las tareas de la casa, las facturas por pagar, los familiares pendientes de llamar, la carrera hasta el colegio o el paseo con el perro. Tiene tantas cosas en su lista de cosas pendientes que hacer la compra diaria se ha convertido en una especie de asalto al supermercado, las comidas en familia son como un volcán a punto de estallar, los regimenes de belleza son como un relámpago y los encuentros maritales son del tipo "Dios mío, estoy reventada, ten una aventura por ahí".

¿Te resulta familiar? Dedicarte algunos momentos de "tiempo muerto" para ti misma de manera regular es sumamente beneficioso para tu aspecto, ya que las preocupaciones y los disgustos dejan huella en tu aspecto físico. Cuando se tienen demasiadas cosas en la cabeza, se tiende a adoptar una expresión facial tensa y además se adquieren malos hábitos, como fumar, beber o aficionarse a la comida basura, todo lo cual añade kilos al cuerpo y arrugas a la cara. Si a esto le sumamos el hecho de que no se duerme bien cuando se tiene trabajo excesivo o se siente ansiedad, y no se tiene tiempo para mimarse y cuidarse, no es de extrañar que no siempre se tenga un buen aspecto.

Una buena idea

Reserva un rato de manera regular para pasar unas horas divertidas: alquila una película de risa o invita a tus amigos más divertidos a cenar. La risa estimula la producción de dopamina, que induce a la euforia estimulando las mismas partes del cerebro que algunas drogas como la cocaína.

Un estrés prolongado puede envejecer tu rostro lo mismo que tres años y además puede deprimir la hormona de crecimiento natural DHEA, necesaria para mantener un aspecto juvenil y saludable. El estrés hace estragos en el sistema inmunológico, dejándote a merced de todo tipo de desagradables infecciones. También produce la disminución del grosor de la piel, lo que significa que las arrugas aparecen antes.

¿Cuál es el antídoto? Es la hora del baño mental. Una relajación profunda diaria, como el método de respiración del yoga o la meditación, puede ayudarte a equilibrar las hormonas, mejorar tu piel y reforzar tu energía. Prueba estas ideas:

Date un baño con aromaterapia por la noche. La salvia y la mirra tienen propiedades relajantes.

Dedica diez minutos todos los días a meditar para mejorar tu piel. Cierra los ojos, ralentiza la respiración y repite para ti misma una determinada frase o palabra, como por ejemplo "paz" o "calma".

Prueba el siguiente ejercicio de yoga que solo requiere cinco minutos, y que estira todos los músculos del cuerpo. Siéntate con las rodillas juntas y los pies debajo de las nalgas. Con las manos apoyadas en los pies, empieza a bajar el cuerpo hacia atrás apoyándote en los codos. Cuando te sientas a gusto en esta postura, échate hacia atrás del todo, pasa los brazos sobre la cabeza y coloca las manos sobre los antebrazos. Respira profundamente y céntrate en respirar bien durante cinco minutos. Después vuelve despacio a la posición original echando el pecho hacia delante, apoyándote en los codos y utilizando los músculos del estómago para incorporarte.

Imagínate relajada y radiante. Siéntate tranquilamente durante cinco minutos e imagina que tu cuerpo está envuelto en una luz blanca purificadora cargada de energía que parte de encima de tu cabeza. A medida que te envuelve, imagina que es como si se lavaran todas las toxinas, estrés y preocupaciones de tu cuerpo.

Ponle nombre a todas tus preocupaciones. Haz una lista de las cosas que te producen ansiedad en el trabajo, como por ejemplo cómo abordar un determinado proyecto o afrontar un problema económico. Después piensa en posibles soluciones para manejar estas situaciones. Todos los viernes por la tarde, haz una lista de todas las cosas que tengas que hacer la semana siguiente y colócala junto a la cama o en el bolso y ve añadiendo todas las ideas que se te ocurran durante el fin de semana. De esta forma, el lunes estarás preparada para lo que te espera.

¿Cuál es tu duda?:

P   ¿Hay algo que relaje más rápidamente que un masaje con aromaterapia?

R   *Prueba la siguiente técnica de meditación, conocida como Conteo de la respiración. Siéntate o túmbate, de forma que estés cómoda y asegúrate de que la espina dorsal esté recta. Cierra los ojos y respira profundamente tres o cuatro veces. Ahora ya puedes empezar: respira de forma natural y normal, sin forzar la respiración. Mientras expulsas el aire, cuenta uno, después dos en la siguiente exhalación y así sucesivamente. Cuenta hasta cinco y luego empieza otro ciclo desde el uno de nuevo. Concéntrate en no pasar de cinco porque esto te ayudará a estar centrada en el ejercicio y a olvidarte de todas tus preocupaciones.*

P   Me siento muy enfadada con alguien de mi trabajo. ¿Cuál es la mejor forma de librarme de este sentimiento sin causarle a él o a mí misma un daño físico?

R   *El hecho de anotar en un papel tus ansiedades puede ayudarte a reducir los niveles de ansiedad y ver las cosas con perspectiva. Puedes escribir un diario para liberar tu enfado o escribir una carta explicando por qué te ha herido o enojado la otra persona. Intenta imaginarte liberada de esta preocupación ¡y no olvides echar la carta a la papelera!*

11

Pierde cinco kilos
sin hacer dieta

Viste de forma inteligente, con tonos, cortes y estilos que te favorezcan. Es la mejor forma de parecer más delgada y estilizada.

Yo siempre solía vestirme de negro, incluso para los actos en los que era adecuado utilizar colores más alegres y femeninos estampados. Creía equivocadamente que el negro me hacía parecer mucho más delgada.

Es cierto que el negro es indudablemente un color muy elegante. De hecho, cuanto más delgada parezca tu figura, mejor que mejor. Los colores oscuros disimulan la gordura, pero no son el único truco existente para parecer más esbelta. Además, el negro también puede hacerte parecer triste y apagada. Si utilizas este color con excesiva frecuencia en ocasiones inadecuadas, en el guardarropa te ofrecerán media docena de abrigos antes de encontrar el tuyo o te pedirán otro vol-au-vent, y ambas cosas, cuando lo que pretendes es tener la esbelta figura de Eva Herzigova, estropearán la alegría de mostrar un culo ligeramente más pequeño. Lo que debes hacer es tener imaginación y seguir estas directrices:

Disimula la gordura usando un único color. Los colores oscuros son obviamente los que más estilizan, pero en verano puedes crear la ilusión de parecer más alta y delgada vistiendo un mismo color de pies a cabeza, aunque sea el blanco.

No te fíes de las tallas que indican las etiquetas cuando compres ropa. No busques siempre la ajustada talla cuarenta solo porque esa es tu talla habitual. Puedes perder unos kilos con una prenda un poco más floja que no te marque los michelines y quede más suelta.

Siempre que sea posible, elige prendas con forro; así no se te pegarán al cuerpo de forma tan inmisericorde. Los pantalones forrados son una maravilla, sobre todo en verano porque no se pegan al cuerpo por muy sudorosa que esté tu piel.

Cómprate una falda con forma de A, ya que este tipo de faldas estilizan a casi todas las mujeres porque no marcan las curvas y reducen el trasero. El mejor largo es justo por la rodilla o por debajo de ella y si se combina con unas botas hasta la rodilla también se pueden disimular unas piernas o unos muslos gordos poco femeninos. En verano, puedes combinar una falda de color claro con botas de licra o de ante.

No rechaces los vaqueros que se ajustan a la cadera. Puede que te parezca que están reservados a las quinceañeras, pero en realidad estilizan sea cual sea tu edad porque crean la ilusión de tener unas caderas más pequeñas. Pero ten cuidado de que no te cuelgue un trozo de carne por encima ya que esto arruinaría el efecto, y si es posible elige el corte ancho en la parte inferior porque estiliza más y hace las piernas más largas y delgadas.

Usa siempre tacones, aunque sean bajos. Incluso las mujeres altas deben utilizarlos por bajos que sean. Los centímetros de más te estilizarán y te harán estar más atenta a tu postura.

Utiliza materiales adecuados, que pueden "parcelar" la carne. Utiliza lino, lana o incluso telas arrugadas.

Disimula el pecho grande con prendas de cuello en V y cuellos bajos. Evita mezclar cuellos altos con cuellos vueltos porque hacen más gordas a las mujeres.

Cuando lleves pantalones, procura que siempre tengan suficiente longitud para cubrir la punta de la bota o el zapato. Aunque te parezcan excesivamente largos, atraen la atención hacia abajo dando la impresión de que las piernas son más largas y delgadas. Además, evita los pantalones puntiagudos, de ciclista y cortos, porque en casi todos los casos hacen parecer los muslos más gordos y las piernas más cortas y rechonchas.

Utilizar una lencería adecuada también puede quitarte unos kilos de encima. Usa sujetadores favorecedores con aros y braguitas que aplanen en los sitios adecuados. En el caso de los sujetadores, procura que no se noten las costuras, que no queden arrugas y que no te rebose el pecho sobre las copas (a menos que eso sea precisamente lo que pretendes).

Una buena idea

Los expertos en colores dicen que el blanco, el color plata y el nácar son "eternamente femeninos" porque están asociados a la luna, las estrellas y el mar. ¿Te acuerdas del vestido tan llamativo que Nicole Kidman llevó en la ceremonia de los Óscars hace unos cuantos años? Lo mejor para lucir este tipo de colores es complementarlos con llamativas joyas de plata o perlas. También puedes completarlo con un delicado abrigo de color rosa pálido y un maquillaje nacarado que te favorecerá aún más si estás bronceada. Además, los colores suaves próximos al rostro reflejan la luz y hacen más joven.

¿Cuál es tu duda?:

P No puedo permitirme económicamente renovar todo mi armario. ¿Alguna sugerencia?

R *Revisa cuidadosamente tu colección actual y examínala sin piedad. Cuelga juntas todas las prendas del mismo color para poder ver claramente qué tienes y cómo puedes combinarlo. Si puedes, compra unas cuantas prendas básicas de las mencionadas anteriormente. Te sugiero que pidas ayuda a una amiga sincera: pídele que lea la lista de reglas y te ayude a aplicarlas antes de arreglarte para salir.*

P   ¿Qué me sugieres sobre cómo comprar chaquetas favorecedoras?

R   *Las chaquetas forradas, de confección son estupendas para disimular el pecho si es que tienes mucho ya que hacen parecer más esbelta. Recuerda que las chaquetas deben caer sueltas sobre el trasero para disimularlo, ya que las chaquetas cortas y ajustadas lo realzan.*

12

Labios apetitosos

¿Quieres tener unos labios carnosos, abultados, apetitosos? Antes de someterte a aguja e hilo, prueba unos cuantos trucos fáciles para conseguirlos.

No todas podemos tener unos labios como un buzón. Los colores fuertes resaltan los labios imperfectos pero si no aciertas con el tono o la postura necesaria, las barras de labios rojas pueden hacerte parecer más bien una prostituta en lugar de sirena. Pero hay muchas cosas que puedes hacer para mejorar tus labios.

EL TAMAÑO DE LOS LABIOS

Analiza la forma de tus labios. Si tienes la boca grande y los labios demasiado hinchados, utiliza un tono neutro de barra de labios para disimularlos. Utiliza un lápiz de labios para dibujar una línea por la parte interior de los labios y rellena con una barra de labios de tono oscuro, lo que hará que parezcan más pequeños. No utilices colores oscuros si tienes los labios finos, ya que estos harán que parezcan más delgados aún. En este caso, utiliza un lápiz de labios para dibujar una línea justo por encima de la línea natural de los labios para crear el efecto de unos labios más gruesos, y después utiliza un color llamativo para resaltarlos aún más. Las barras de labios brillantes o de color perla también hacen parecer los labios más gruesos ya que reflejan la luz.

EL TONO ADECUADO

Los expertos afirman que para los tonos oscuros de piel los colores rojizos son los que más favorecen. Si tu piel y pelo son de este tipo, utiliza rojos con reflejos rosados. Si tienes la piel pálida y el pelo oscuro, las barras de labios de color rojo fuerte y brillante te favorecerán notablemente. Si tienes la piel oscura, utiliza rojos oscuros.

Una buena idea

Para que tus dientes parezcan más blancos, utiliza barras de labios de color rojo fuerte, los tonos ciruela y rojos azulados. Este contraste hace que los dientes parezcan más blancos y brillantes. Evita los tonos basados en el color amarillo o naranja, incluidos los tonos coral y marrones, porque pueden hacer que los dientes parezcan amarillos.

LABIOS CUIDADOS

Dedica tiempo a cuidar tus labios de la misma forma que cuidas tu piel. Cepíllalos suavemente con un cepillo de dientes muy suave para eliminar la piel seca y reactivar la circulación y aplícate crema labial con regularidad. De esta forma también se suavizan los labios secos y resquebrajados.

LABIOS HINCHADOS

Tener unos labios perfectos abultados es todo un arte, así que hasta las que tenemos labios finos podemos sacarles un gran provecho. Intenta lo siguiente:

Idea 12. Labios apetitosos

Primero, perfílate los labios con un lápiz del mismo tono que la barra de labios que vayas a utilizar o de un tono más claro (nunca más oscuro, a no ser que seas una bailarina o quieras que te confundan con una).

Después, "rellena" los labios con un pincel para labios. En lugar de utilizar un bloque de color mate, hazlo gradualmente con una barra de labios diáfana; de esta forma captarás la luz, lo que hará que tus labios parezcan más carnosos. Mediante un lápiz realzador, dibuja una línea fina sobre tu labio superior, justo sobre el triángulo. También puedes aplicarte pequeños toques de maquillaje reflectante en el labio superior, lo que acentúa los labios naturales.

Para finalizar, aplícate un brochazo de brillo en la parte más carnosa de los labios.

¿Cuál es tu duda?:

P ¿Cómo puedo conseguir que el color de los labios me dure más?

R *En las tiendas de cosmética venden numerosas fórmulas de larga duración, que sin embargo pueden resecar los labios, por lo que debes protegértelos primero. En primer lugar, extiéndete un poco de gelatina de petróleo sobre los labios y retira el exceso con un pañuelo de papel. Después perfílalos con un lápiz perfilador, aplica la barra de labios, retira el exceso con un pañuelo de papel y luego aplícate otra capa. De esta forma el color debe durarte al menos cuatro horas porque se ha fijado correctamente a los labios. Además, al utilizar un perfilador antes de aplicar la barra de labios, el color es más duradero y homogéneo porque se "rellenan" las pequeñas grietas.*

P ¿Es realmente necesario utilizar un protector solar para los labios en verano? ¿No es suficiente con la vaselina para evitar que se sequen?

R *La vaselina no evita que los labios se quemen con el sol. Dado que los labios contienen poca melanina y la piel es más fina en esta zona, son más vulnerables al daño producido por el sol, por lo que debes utilizar una crema protectora de factor 15 en verano, cuando practiques el esquí o en condiciones extremas de temperatura. Las barras de labios constituyen una pequeña protección, sobre todo los colores más oscuros, pero debes aplicártelas con frecuencia.*

P ¿Hay algún color que favorezca a todo el mundo?

R *Algunos expertos afirman que las barras de labios de tono ciruela nos favorecen a todas; a las mujeres de ojos azules este color les favorece especialmente ya que resalta el color azul de los ojos.*

P ¿Cuál es la mejor forma de eliminar la barra de labios?

R *Tu desmaquillador habitual es suficiente. Si te has pintado los labios con un color muy oscuro que los ha teñido un poco, puedes utilizar un disco de algodón mojado en desmaquillador de ojos para eliminarlo.*

13

Una gran sonrisa

Una magnífica sonrisa transmite cualidades como confianza, buen aspecto y éxito. Trabaja hoy este aspecto de tu físico.

Siempre he estado un poco obsesionada con los dientes porque de pequeña utilicé aparato: un look tipo Hannibal Lecter que torturaba mis rebeldes dientes en dócil sumisión y me hizo objeto de extrañas miradas en el autobús escolar.

Como resultado, me fijo en todos los detalles de la sonrisa de los demás: el esmalte, las coronas, las muelas picadas, las restauraciones dentales. Comparo los dientes de todas las mujeres que conozco con mi propio barómetro Playtex: "¿Se ha hecho algo o no?". Cuando las artistas británicas se marchan a Hollywood en busca del estrellato y regresan con unos dientes blancos como la espuma, perfectamente cincelados, me resulta algo tan obvio como si hubieran regresado con tres pechos.

Teniendo como tengo esta fijación por los dientes, miro con temor a la gente que muestra una sonrisa natural bonita. Es lo primero en lo que me fijo de alguien: unos dientes imperfectos pueden estropear lo aparentemente bello, y unos dientes como perlas pueden convertir lo simplemente pasable en una belleza radiante. Los sicólogos dicen que se trata de una reacción bastante normal. Según parece, asignamos rasgos de carácter negativo a las personas con una mala dentadura.

El hecho de tener una sonrisa agradable no solo te hace parecer más atractiva, si no también más sincera y fiable. Cuando se sonríe con una sonrisa bonita, la persona a la que va dirigida dicha sonrisa se siente mejor y la propia sonrisa genera calidez, felicidad y confianza.

Una buena idea

¿Tienes los dientes manchados? Prueba este viejo truco de la abuela: agrega una gotita de aceite de clavo a la pasta de dientes antes de cepillarte para blanquear tus dientes.

Los dientes pueden incluso hacerte parecer más joven. Los antropólogos dicen que esto se debe a que unos dientes blancos e igualados, unas encías rosadas y sanas y una sonrisa convexa son características de la juventud. Pero a medida que pasan los años nuestros dientes pierden su luminosidad y se tornan más oscuros, manchados y astillados. Una boca llena de empastes también puede apagar tu sonrisa y el hecho de rechinar los dientes puede desgastarlos. Por lo tanto, cuidarlos y aplicarles los procedimientos necesarios (blanqueamiento, fortalecimiento, etcétera) puede quitarte años de encima.

Teniendo en cuenta todas estas consideraciones, no es de extrañar que hoy en día nos gastemos auténticas fortunas en nuestros dientes y que haya clínicas de estética dental en cada esquina. Para mantener tus dientes bien cuidados prueba lo siguiente:

Los dentistas afirman que es esencial seguir una rutina de limpieza meticulosa y utilizar los mejores productos dentales. Cepíllate los dientes al menos dos veces al día, preferiblemente después de cada comida.

Visita al dentista regularmente (al menos una vez al año) y no olvides hacerte las revisiones.

Si es necesario, sométete a los procedimientos cosméticos que haga falta o utiliza el aparato si lo necesitas. Actualmente existen técnicas sorprendentes y los aparatos que cubren toda la dentadura son cosa del pasado.

Utiliza la seda dental al menos una vez al día.

Recorta la ingesta de alimentos dulces y en su lugar procura comer fruta, verdura y yogures ricos en calcio con poca grasa. Si no puedes evitar comer algo dulce, procura que sea chocolate ya que en el caso de los dulces masticables el azúcar se mantiene en la boca durante más tiempo.

Termina las comidas con queso, ya que ayuda a neutralizar el ácido de la boca y por tanto ayuda a evitar el deterioro de los dientes. El queso es rico en calcio y fósforo y esto ayuda a reponer algunos de los minerales del esmalte de los dientes, lo cual a su vez los fortalece.

Masca chicle; compra los que contienen xylitol porque se ha descubierto que protege (e incluso cura) las caries de los dientes. El xylitol se encuentra en las bayas, champiñones, lechuga y también en las mazorcas de maíz.

Evita los productos que manchan los dientes como el café, el té, los cigarrillos y el vino tinto. Utiliza un dentífrico blanqueador para que tu sonrisa sea más brillante y sométete a una limpieza dental por parte de un especialista cada seis meses.

¿Te cepillas los dientes correctamente? ¿Durante el tiempo suficiente? Para limpiar completamente la superficie de todos los dientes debes cepillarlos durante al menos dos minutos cada vez. El propio movimiento de cepillado ayuda a eliminar las manchas, ¡así que no hagas trampas!

Primero, cepilla las superficies interiores y exteriores de los dientes. Coloca el cepillo de dientes con un ángulo de 45 grados y realiza movimientos suaves y cortos recorriendo toda la superficie de los dientes y siguiendo la línea de la encía. Para limpiar las caras interiores de los dientes de delante, sujeta el cepillo verticalmente y realiza movimientos suaves hacia arriba y hacia abajo cepillando con la punta del cepillo.

Después cepilla la parte superior de las muelas con el cepillo plano y movimientos hacia delante y hacia atrás.

Después, cepíllate la lengua. Haz el movimiento de atrás hacia delante para eliminar las partículas de comida, lo que también contribuirá a refrescarte la boca.

Por último, cepíllate suavemente el cielo de la boca.

¿Cuál es tu duda?:

P ¿Qué puedo hacer para dejar de rechinar los dientes por la noche?

R *El hecho de rechinar los dientes puede ser un síntoma de estrés o de una mordida imperfecta. A menudo provoca dolor de muelas y del cuello, y puede dañar los dientes ya que con frecuencia causa grietas que favorecen la aparición de manchas. Acude a la consulta del dentista, el cual comprobará tu mandíbula y puede hacerte una funda protectora de las encías para que la utilices mientras duermes.*

P Me temo que me huele mal el aliento. ¿Qué puedo hacer?

R *El mal aliento se debe con frecuencia a una higiene dental escasa, ya que se produce como resultado de la acción de las bacterias que atacan las pequeñas partículas de comida que quedan en la boca. Visita al dentista porque las caries también pueden producir mal aliento. Recuerda que debes cepillarte los dientes y la lengua al menos dos veces al día. Utiliza también la seda dental para eliminar la placa. Procura terminar las comidas con fruta y bebe siempre mucho agua porque la deshidratación reduce la producción de saliva, lo que empeora aún más la situación. Las pastillas de menta y las refrescantes son eficaces, pero solo funcionan de manera temporal. Desayuna siempre para estimular la producción de saliva, lo que ayuda a librarse del mal aliento matutino.*

P ¿Cuál es el mejor método para blanquear los dientes?

R *Existen dentífricos blanqueadores estupendos que producen fantásticos resultados. También puedes someterte a un procedimiento blanqueador con láser, disponible en casi todas las clínicas dentales y que solo requiere una hora. Puedes probar las almohadillas blanqueadoras, que consisten en unas fundas que contienen una solución blanqueadora y que debes llevar durante un breve periodo todos los días durante una semana o un poco más. Otra opción son los barnices ultra finos, que se extienden en los dientes y los fortalecen y blanquean.*

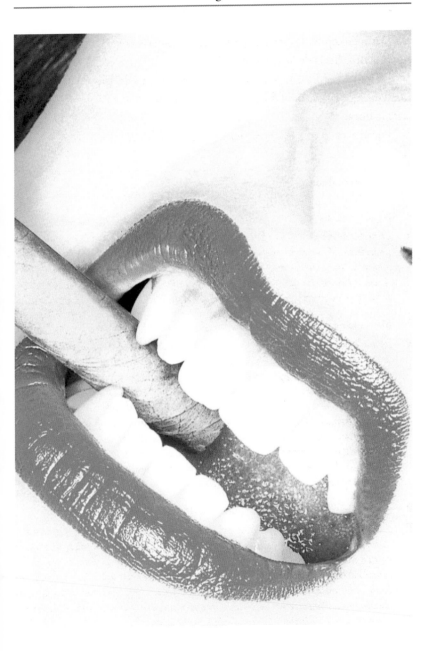

14

Desintoxicación

Una desintoxicación puede hacer maravillas en tu piel, pero la verdad es que puedes rejuvenecer tu cara y mejorar tu aspecto en tan solo unos días rellenando un poco tu cara en lugar de pasar hambre.

Nunca he conseguido seguir una dieta sin trigo, sin lácteos, sin azúcar, sin sabor durante mucho tiempo. Una dieta espartana me hace rebelarme y lanzarme al bote de las galletas. Y no me faltan razones.

Los nutricionistas afirman que la mejor forma de alimentar el cuerpo es seguir una dieta sana y equilibrada. Esto ayuda al sistema digestivo a funcionar más eficazmente y a proporcionar al cuerpo los nutrientes esenciales adecuados. Sin embargo, una "desintoxicación" de dos días de duración, durante los cuales se come sobre todo fruta y verdura, ayuda a limpiar el sistema y a aumentar los niveles de energía y constituye un trampolín hacia nuevos hábitos más saludables. Y no se trata de una dieta a base de agua o de fruta. El simple hecho de introducir más fruta y verdura en tu dieta diaria proporciona una serie de ventajas de "desintoxicación" ya que aporta gran cantidad de fibra soluble que favorece el funcionamiento del sistema digestivo, lo que te hará sentirme mejor y más ligera. La ingesta abundante de agua mejora la piel y contribuye a aplanar el estómago porque alivia la retención de líquidos.

Dedica un día a pensar detenidamente qué estás aportando a tu cuerpo o dedica un fin de semana a tu "limpieza interior" nutricional. Asegúrate de que no tendrás que hacer algo especialmente "activo" durante esos días y de que no tienes ninguna celebración o cena fuera de casa. El fin de semana es una elección acertada si tenemos en cuenta que las mujeres comen una media de 160 calorías diarias más de viernes a domingo. Convéncete a ti misma de que en lugar de "ayunar" a base de fruta fresca y verdura estás "dándote un festín" y mojándolo todo con litros y litros de agua purificadora.

Una buena idea

Puedes conseguir que los alimentos "de limpieza" sepan mejor si los suavizas con hierbas aromáticas y otros aderezos, siempre que no sean mantequilla y sal. Puedes utilizar albahaca, cilantro, menta, perejil de hoja plana, estragón, vinagre balsámico, zumo de lima, salsa de soja, mostaza francesa, anchoas, aceitunas negras y alcaparras.

¿Qué puedes comer? Si es posible, durante esos dos días procura no comer carnes rojas, pollo, pescado, legumbres y alimentos con trigo, como el pan, la pasta y los cereales, que pueden hincharte; por el contrario, llena tu estómago con fruta y verdura fresca. Toma fruta de colores fuertes: cuanto más fuerte sea su color, más rica es en antioxidantes, los cuales limpian los potencialmente peligrosos radicales libres que aceleran el proceso de envejecimiento. El hecho de ingerir gran cantidad de fruta también proporciona al organismo mucha fibra soluble que no solo ayuda a mantener sano el sistema digestivo, si no que también ayuda a regular el apetito y a mantener a ralla los niveles de azúcar en sangre. ¡Recuerda que solo será por dos días y después te sentirás y estarás fantástica!

LA MEJOR FRUTA PARA LA BELLEZA INTERIOR

Uvas: sirven para limpiar el hígado y los riñones.

Piña: contiene bromelaína, que ayuda a digerir las proteínas y acelera la digestión.

Papaya y aguacate: tienen grandes propiedades de limpieza y son buenos para el rejuvenecimiento y restauración del cuerpo.

LA MEJOR VERDURA PARA LA BELLEZA INTERIOR

Verduras cruciformes: entre ellas, las coles de Bruselas, el brócoli, la col y la coliflor. Contribuyen al buen funcionamiento del hígado.

Cebolla y ajo: contienen azufre que colabora en el proceso de desintoxicación.

Berro, tomate, zanahoria y manzana: ricos en vitamina C y E, que ayudan a luchar contra los radicales libres.

Espárragos: beneficiosos para el hígado y los riñones.

Pak choi (bok choy): ayuda a desintoxicar el cuerpo, además de ser rico en calcio, fólico y carotenoideos.

Remolacha: contiene antioxidantes como betacaroteno y cinc. Además contiene hierro, un buen desintoxicante para el hígado.

¿QUÉ MÁS PUEDO COMER?

Cambia la carne por pescado o frutos secos. Estos últimos constituyen una gran fuente de proteínas y están repletos de antioxidantes.

Cambia el pan y la pasta blanca por avena y arroz integral, grandes fuentes de fibra.

Toma yogur natural activo para favorecer las bacterias beneficiosas del intestino.

Bebe de uno y medio a dos litros de agua al día para eliminar las toxinas.

Cambia el té y el café por algún té de hierbas. El diente de león es un buen desintoxicador.

EJEMPLO

Desayuno: ensalada de frutas con avena, yogur y miel.

Comida: verduras a la plancha con vinagre balsámico y ajos asados.

Cena: verduras frías con arroz integral y sorbete de limón con mango o papaya fresca.

Aperitivos: frutos secos y frutas deshidratadas, uvas, aperitivos de verduras y yogur.

¿Cuál es tu duda?:

P   ¿Es sana la dieta vegetariana?

R   *Puede serlo. Los vegetarianos sufren un 30 por ciento menos de enfermedades cardiacas, un 40 por ciento menos de cáncer, suelen estar más delgados y tienen una presión arterial menor que las personas que comen carne. Sin embargo, algunos afirman que los vegetarianos tienen más dificultad para conseguir las vitaminas y minerales necesarios, especialmente el hierro, ya que la carne roja es la principal fuente de esta sustancia. Para compensarlo, puedes comer gran cantidad de lentejas (ricas en hierro) y verduras de hoja verde. A todos nos resultaría beneficioso introducir más fruta y verdura en nuestra dieta, así que procura sustituir la carne roja por alimentos ricos en proteínas, como las legumbres, frutos secos, semillas, huevos y tofu, y aumenta la ingesta de frutos secos.*

P   Sé que la cantidad recomendada de fruta y verdura al día son cinco raciones, pero ¿qué es exactamente una ración?

R   *En el caso de frutas muy pequeñas como las uvas o las frambuesas, una ración equivale a una taza de café o entre dos y tres cucharadas grandes. En el caso de frutas pequeñas como las ciruelas, dos piezas equivalen a una ración. En el caso de* *las frutas grandes como la piña o la sandía, una ración consiste en una buena rodaja. Una ración de ensalada equivale a un cuenco lleno y en el caso de la verdura a dos cucharadas grandes. Un cuenco de sopa de verdura equivale a unas dos raciones. En cuanto a los zumos, depende de la cantidad de fruta que utilices para hacerlos. Recuerda sin embargo que los zumos de frutas o verduras solo cuentan como una ración, independientemente de cuántos consumas al día.*

15

El placer de andar

Si no te atrae la idea de practicar deportes enérgicos, quizá sí te apetezca caminar. Es una alternativa más suave que mejora los glúteos, muslos y estómago en poco tiempo.

Se ha producido una especie de revolución en la industria de la forma física. Los expertos ahora afirman que dar 10.000 pasos al día equivale a todo el ejercicio que necesitamos para mantenernos en forma.

La mayoría caminamos una media de entre 2.000 y 6.000 pasos diariamente, lo que equivale a kilómetro y medio y cuatro kilómetros y medio respectivamente, y lo hacemos simplemente cuando nos movemos en la oficina, yendo del coche hasta la casa, cuando recorremos los pasillos del supermercado para hacer la compra, etcétera. Por lo tanto, el hecho de dar unos cuantos miles de pasos más al día (una media hora más) para incrementar la cantidad de pasos "accidentales" que damos puede transformar nuestra salud y quitarnos unos kilos de encima.

Fácil, ¿no te parece? Además, el único equipamiento que se necesita es un par de zapatos cómodos y ropas ligeras. También puedes comprar un podómetro, sobre todo si pierdes la cuenta de todos los pasos que das. Se trata de un pequeño aparato que se cuelga del cinturón y mide la cantidad de pasos que das; cuesta aproximadamente lo mismo que un DVD.

Vamos a analizar por qué caminar es tan beneficioso:

Fortalece sobre todo las piernas, glúteos, caderas y cintura (las partes que la mayoría de las mujeres odian de sus cuerpos) y se queman hasta 200 calorías en media hora. Subir escaleras durante cinco minutos quema unas 150 calorías.

Es beneficioso para los huesos, por lo que contribuye a luchar contra la osteoporosis, muy común entre las mujeres pos-menopaúsicas. De hecho, caminar tan solo un kilómetro y medio al día puede incrementar considerablemente la densidad de los huesos.

También es beneficioso para el corazón, ya que reduce las posibilidades de padecer alguna enfermedad cardiaca, disminuye la presión sanguínea y reduce el riesgo de sufrir un ataque o padecer diabetes.

Caminar, aunque solo sea durante unas horas a la semana, reduce también significativamente el riesgo de padecer cáncer de pecho. Los estudios demuestran que las mujeres que hacen ejercicio de manera regular cuando alcanzan la treintena y cuarentena experimentan una disminución importante del riesgo de padecer cáncer de pecho en comparación con mujeres sedentarias.

Puede ayudarte mucho a reforzar el poder de tu mente. Los expertos afirman que mejora la concentración y creatividad y la capacidad para pensar y razonar.

El hecho de caminar al aire libre, sobre todo por zonas verdes, es beneficioso para tu bienestar y mejora tu estado de ánimo. Un paseo de veinte minutos te proporciona un tiempo dedicado al pensamiento productivo, te permite apreciar tu entorno y respirar el aire, y te ayuda a ver las cosas con perspectiva.

Una buena idea

Para obtener el máximo provecho del paseo, comprueba tu postura: procura mantener los hombros hacia atrás y la caja torácica levantada. Mete los músculos abdominales y mantente erguida. Mira hacia delante, no hacia abajo. Apóyate en el talón para darte impulso hacia delante y empuja con el pie que está detrás. Puedes aumentar gradualmente la longitud del paso, pero sin forzar.

Si no te sientes preparada para trepar por las colinas con tu mochila, procura simplemente andar un poco más todos los días. Puedes bajarte del metro o del tren antes de tu parada y hacer el resto del camino andando hasta la oficina, aparcar lo más lejos posible de la entrada del supermercado o incluso dejar el coche en casa. Sube por las escaleras en lugar de utilizar el ascensor, no te detengas en las escaleras mecánicas, baila en casa mientras haces las tareas domésticas, camina por la casa mientras hablas por teléfono, tira a la basura el mando a distancia y levántate para cambiar el canal.

Hasta ahora, ha sido fácil, pero si realmente quieres trabajar las piernas y los glúteos, debes aumentar la intensidad. Si deseas reafirmar los muslos, puedes hacer pesas, ampliar la longitud del paso o entrenar con intervalos; por ejemplo, camina a paso rápido hasta recorrer 400 metros, después reduce la marcha otros 200 metros y repite este ejercicio tanto como puedas. Intenta subir algunas colinas, ya que así se mejora la capacidad aeróbica y se queman más calorías.

¿Cuál es tu duda?:

P   ¿Qué esfuerzo debo realizar al caminar?

R   *Imagina que medimos el esfuerzo en una escala del uno al diez, donde uno es fácil y diez es lo más duro. Debes intentar llegar al seis, siendo capaz de mantener a la vez una conversación; pero debes realizar un esfuerzo suficiente como para elevar la temperatura del cuerpo e incluso sudar un poco.*

P   Pero caminar no pone en forma tanto como correr, ¿no es así?

R   *En realidad, caminar puede ponerte igual de en forma que practicar jogging. Los investigadores analizaron dos grupos de mujeres durante trece semanas. Uno de los grupos siguió un programa basado en caminar y el otro en correr. Después de las trece semanas, los dos grupos habían obtenido los mismos resultados en lo referente a la forma física y además las mujeres que caminaban tenían menos lesiones. En otro estudio, las mujeres que andaban durante cinco minutos a una velocidad de al menos ocho kilómetros por hora quemaban tantas calorías como cuando corrían durante cinco minutos a la misma velocidad. La verdad es que es más probable que no abandones el ejercicio si no acabas agotada.*

P   Sé que caminar es beneficioso para la parte inferior del cuerpo, pero ¿puede mejorar la parte superior también?

R   *Si usas pesas para las manos podrás ejercitar los brazos, los hombros y el pecho también. Si utilizas bastones de esquí quemarás un 20 por ciento más de calorías, ¡solo debes estar preparada para que te miren de forma extraña!*

16

La belleza y el baño

Cómo convertir un baño de veinte minutos en un placer comparable a un día en un balneario.

Si tu cuarto de baño se ha convertido en algo funcional y tus baños son del tipo "mojar, frotar y lista", te estás perdiendo uno de los rituales más sensuales y deliciosos del mundo.

Piensa por un momento en cómo sería tu cuarto de baño ideal. El mío tendría una bañera inmensa con sistema de burbujas, ungüentos de aspecto exótico, telas de gasa colgadas por todas partes y muchos abanicos de plumas.

Sería como en una escena de una película de Cleopatra, excepto por el sequito, aunque unos cuantos sirvientes mudos que lo limpiaran todo después de mi sesión de acicalamiento no me vendrían nada mal. Pero todo esto está a kilómetros de distancia de ser mi cuarto de baño, que es pequeño y está repleto de muñecos de goma de todo el reparto de Nemo y los ungüentos no son más que cremas para el culito. Solo me queda soñar. Pero por lo menos puedo darme un baño de veinte minutos, a decir verdad, la segunda mejor cosa después de una sesión en un balneario.

Bañarse supone mucho más que simplemente asearse: es una oportunidad para embellecerse y también para soñar despierta, fantasear, relajarse y disfrutar de un buen vino. Hazlo más exótico colocando alrededor unas cuantas conchas, unas velas encendidas y un poco de esencia de jazmín. El baño es también un buen lugar para relajarse y rejuvenecer. Afortunadamente no es necesario tener un cuarto de baño muy lujoso para convertirlo en un verdadero palacio de cuidados.

Empieza por decorar el escenario. Para convertir tu cuarto de baño en un balneario, necesitas un aparato de CD o radio casete a pilas para poner una agradable música con el sonido de las ballenas. Enciende unas cuantas velas de aromaterapia y distribúyelas por el baño. Echa en el agua unas cuantas gotas de algún aceite esencial relajante, como ylang ylang, ciprés o salvia, o diluye cinco o seis gotas de aceite esencial en leche o vodka, que actúan como dispersantes. Si te cuesta trabajo dormir, puedes utilizar aceites con propiedades inductoras del sueño, como la camomila, la lavanda o la mirra.

Una buena idea

Disfruta de las propiedades curativas del mar con un baño de sales, estupendas para relajar los músculos doloridos y más baratas que un tratamiento de talasoterapia. Las sales te ayudarán a limpiar las impurezas de tu piel ya que contienen magnesio, lo que hace de ellas un tratamiento estupendo para desintoxicarte.

¿Te apetece una copa de vino mientras te bañas? Pues tómatela. Resulta agradable y una pequeña cantidad de vino es beneficiosa para tu cuerpo. ¿Quieres triplicar el efecto saludable del baño? Toma Zinfandel, Syrah o Cabernet Sauvignon, más ricos en antioxidantes beneficiosos para el corazón que otras variedades.

Mientras estás en la bañera, prueba la Respiración del fuego, un relajante ejercicio de yoga del que se dice que contribuye a la tranquilidad interior y que estimula los nervios de la cavidad abdominal, lo que produce la liberación de noradrenalina. Toma aire y expúlsalo rápidamente por la nariz sin hacer pausas entre cada respiración: procura respirar dos o tres veces por segundo y sigue así durante un minuto. Concéntrate en mantener el pecho relajado y siente cómo se mueve el diafragma arriba y abajo con cada respiración. Puedes sentirte un poco mareada (¡sujétate a los bordes de la bañera!), pero no te preocupes. La Respiración del fuego produce ondas alfa relajantes en el cerebro y aumenta los niveles de oxígeno en sangre, lo que a su vez aumenta el estado de vigilancia mental.

Si tu cuarto de baño tiene bañera y ducha independientes, prueba un tratamiento Kneipp casero. Se trata de un tratamiento basado en el frío y el calor que les encanta a los europeos del norte, y que consiste en relajarse en una sauna para después lanzarse a una piscina helada o meterse bajo una ducha de agua fría. Reprodúcelo en tu propio cuarto de baño: sumérgete en agua caliente durante tres o cuatro minutos y después sal de la bañera y date una ducha fría durante unos sesenta segundos. Si puedes soportarlo, repite este proceso cuatro o cinco veces. Tiene poderes terapéuticos porque las temperaturas extremas pueden aliviar el dolor y la inflamación, mejorar la circulación y hacer que el sistema linfático funcione mejor, lo que contribuye a desintoxicar el organismo.

La frase

"Báñate dos veces al día para estar realmente limpio, una vez al día para estar pasablemente limpio y una vez a la semana para evitar ser una amenaza pública".

ANTHONY BURGESS

¿Cuál es tu duda?:

P Tengo hijos pequeños y no puedo tener botes, frascos y velas por ahí distribuidas. ¿Cómo puedo crear mi cuarto de baño de ensueño?

R *Piensa en tu cuarto de baño como en la versión femenina del armario de los cacharros de cocina. Guarda todo en un armario: los frascos de cristal de esencias, las delicadas conchas, las cajitas de madera, los delicados frascos de cristal de colores, las velas, lo que sea. Sácalos cada vez que quieras darte un capricho y "viste" tu cuarto de baño.*

P ¿Hay algún remedio casero que pueda agregarle al baño?

R *Si se te ha quemado la piel con el sol, báñate en agua fría con bolsitas de té, que suavizan la piel y mantienen el bronceado. El jengibre es un desintoxicante y tónico natural que ayuda a aliviar dolores. Ralla una raíz en el agua e inhala la maravillosa fragancia que desprende. Puedes probar también con salvia natural, cilantro o hinojo, que tienen propiedades refrescantes y limpiadoras y liberan un delicioso aroma que impregna la casa (¡aunque todo el mundo esperará que aparezcas con un delicioso pavo asado!).*

P Me encanta darme un buen baño, pero ¿no es mejor evitarlo si tienes la piel muy seca como la mía?

R *Un baño de agua muy caliente puede dañar los aceites naturales del cuerpo. Además, no prolongues el baño más de quince o veinte minutos para que no se te arrugue la piel. También te aconsejo que diluyas el aceite de aromaterapia en unos 10 ml de aceite de almendra o de semilla de uva, que son extremadamente hidratantes.*

17

Resalta tus ojos

Se dice que son el espejo del alma, lo primero en lo que se fijan los demás y capaces de desarmar a un hombre a 100 pasos de distancia. ¿Pero qué pasa si tus ojos son más bien como los de un topo en lugar de cómo los de Bette Davis?

En opinión de los antropólogos, las caras femeninas más atractivas son aquellas de tipo "infantil", de piel suave, de complexión dulce, nariz pequeña y ojos grandes con pestañas largas como Bambi.

Todas buenas razones para cuidar tus ojos. Entre los cuidados básicos de los ojos se encuentran desmaquillarse todas las noches, no tocarse los ojos con las manos o un pañuelo sucio y pasarse la mano suavemente por ellos en lugar de frotar enérgicamente la piel a su alrededor. También es importante dormir mucho, beber mucha agua, aplicarse crema de ojos de manera regular y mimarlos de vez en cuando con un tratamiento a base de pepino o té.

Para hacer que tus ojos parezcan más grandes y tener unas pestañas largas y pobladas con las que poder pestañear, necesitarás utilizar unas cuantas herramientas y aplicar algunas técnicas de maquillaje de manera inteligente.

Una buena idea

Puedes resaltar el color de tus ojos utilizando la técnica del contraste. Los tonos rosas, malvas y grises favorecen mucho a los ojos azules, aunque también se pueden aplicar colores muy oscuros para crear un contraste muy llamativo. No utilices tonos rosas si tienes los ojos rojos y cansados; en este caso, utiliza tonos neutros o marfil. Recuerda: mezcla los colores de forma inteligente.

Sigue estos pasos:

1. Empieza por las cejas: quítate con las pinzas depilatorias los pelos que haya.

2. Aplícate un color neutro o pastel sobre la parte superior del párpado, difuminándolo hacia el borde exterior, que sirva como base sobre la que podrás mezclar colores más oscuros y fuertes. También puedes utilizar un poco de maquillaje como base para dar color y cubre cualquier mancha o zona roja del párpado.

3. Aplícate una sombra de ojos marrón o gris desde la zona media hacia el exterior del ojo. Empieza aplicando poco color y añade más capas después, mezclando bien.

4. Aplica con una brocha fina una línea de sombra de ojos de color más oscuro en el párpado superior. Aplícate un poco de sombra bajo el ojo también en el borde exterior.

5. Puedes resaltar tus ojos aplicando un lápiz blanco en la cuenca inferior. Para que parezcan más separados, aplícate un poco de sombra blanca difuminada en la parte interior de los ojos.

6. Si tienes los ojos pequeños, parecerán aún más pequeños si te aplicas sombra de ojos o perfilador alrededor de todo el ojo ya que esto hará que parezca que están cerrados.

7. Las pestañas postizas hacen que los ojos parezcan más abiertos, así que no temas utilizarlas. Coloca unas cuantas pestañas sueltas en la parte ex-

terior del ojo, después añade unas cuantas cortas y alterna entre las dos a medida que avances hacia el interior del ojo.

8. Utiliza un rizador de pestañas, ya que hace que los ojos parezcan más grandes y, además, son más fáciles de usar de lo que parece. Coloca las pestañas del párpado superior entre los dos cantos del rizador, aprieta y gira hacia arriba.

9. ¿Se te mancha la cara con la sombra de ojos? Antes de empezar, aplícate una capa de polvos traslúcidos debajo de cada ojo para que se queden pegados los restos de sombra de ojos que caigan sobre las mejillas. Después solo tendrás que pasarte una brocha por esta zona para eliminarlo sin tener que volverte a aplicar maquillaje.

10. Utiliza máscara negra para las pestañas, marrón si eres muy rubia, aunque también puedes utilizar el look "sin maquillaje", que es muy adecuado para las pieles más mayores.

11. Algunos artistas del maquillaje recomiendan que solo se aplique máscara a las pestañas del párpado superior, dejando las del párpado inferior sin nada: de esta forma se consigue un aspecto más fresco y menos cansado.

12. No rechaces las máscaras de colores. Utiliza el azul marino (no el azul eléctrico) para resaltar el blanco de tus ojos, o el color plomo, que favorece mucho a las rubias.

13. Procura no aplicarte colorete debajo de los ojos, ya que cuando se "solidifica" resalta todas las grietas y arrugas y hace parecer más mayor.

14. ¿Cuántas capas de máscara hay que aplicar? Lo ideal es aplicar dos para conseguir el máximo efecto, pero no dejes que se seque la primera antes de aplicarte la nueva.

15. Compra un bote de lágrimas artificiales, una excelente forma de darle brillo a tus ojos.

La frase

"Los productos de belleza son importantes para cualquier mujer, pero el mejor aliado de belleza de una chica es un hombre corto de vista".

YOKO ONO

¿Cuál es tu duda?:

P No tengo los ojos especialmente pequeños, pero sí están un poco hundidos. ¿Cómo puedo resaltarlos?

R *Aplícate una sombra de ojos de color pastel sobre todo el párpado; de esta forma se "iluminará" de inmediato y "adelantará" tus ojos. Aplica un color más oscuro sobre la zona de las pestañas para alargar el ojo, difuminándolo desde la parte central hacia el exterior del ojo. Puedes resaltar aún más tus ojos aplicándote mucha máscara de pestañas.*

P Tengo los ojos de color marrón oscuro; ¿puedo utilizar sombra de ojos de colores llamativos?

R *No hay nada escrito sobre gustos, así que prueba diferentes combinaciones de colores y decide cuál te gusta más. Los tonos rosas pálidos y los lilas pueden favorecerte mucho, aunque los tonos naturales son los más apropiados para los ojos marrones: prueba con tonos marrones, negros, color melocotón o color almendra. Para el maquillaje de noche, resalta aún más el contraste entre los tonos oscuros y los cremas.*

P ¿Cuál es la mejor forma de levantar los párpados caídos?

R *Para levantarlos, mide un tercio de la distancia desde la esquina exterior del párpado y dibuja una línea con una sombra de ojos de color intermedio desde la zona de las pestañas hasta la ceja. Utiliza una brocha para extender la sombra de ojos y difumínala desde la ceja hacia la parte interior del párpado. Después aplica un poco de sombra de ojos de color pastel en el extremo del ojo para abrirlo un poco más.*

18

Más energía sin dormir más

El hecho de tener energía mejora tu aspecto mucho más que una sesión de peluquería o de limpieza facial. Pero esto es un arma de doble filo, sobre todo cuando más lo necesitas, así que vamos a ver cómo puedes sacar partido de este truco.

Cuando estás rebosante de energía, tu piel está radiante, los ojos te brillan y tienes un aspecto general alegre. Pero si no duermes lo suficiente, tu cuerpo sufre por dentro y por fuera.

CONCÉDETE UNA DOSIS DE ENERGÍA

Los aceites esenciales de romero, salvia, naranja y limón son reconstituyentes y revitalizantes. Por la mañana, añade unas gotas de estas sustancias al agua del baño o quémalas mientras te das una ducha o te vistes.

TOMA UNA TAZA DE TÉ CUANDO TE LEVANTES

Una taza de té puede mejorar tu capacidad e inteligencia, pero no te pases porque no se ha demostrado que el hecho de tomar más de una taza de té o café proporcione mayores beneficios a este respecto.

TOMA UN BUEN DESAYUNO

Debes tomar proteínas y carbohidratos para evitar que bajen excesivamente los niveles de azúcar en sangre. Tomar huevos con tostadas y zumo de naranja o un batido de frutas y leche con germen de trigo. Los alimentos ricos en fibra te ayudarán a ser regular; ¡una diarrea puede mermar mucho tu energía!

PRUEBA ESTA INYECCIÓN DE ENERGÍA

Esta postura de yoga es estupenda para cuando te sientes desvanecer o adormecida. Estimula la circulación y ayuda a limpiar los meridianos (líneas de energía). Colócate de pie con los pies separados a la altura de las caderas y las manos a los lados. Toma aire y levanta los brazos hacia delante hasta la altura de los hombros, con las palmas hacia arriba. Ponte de puntillas como si quisieras llegar al cielo. Suelta el aire lentamente mientras apoyas despacio de nuevo los pies en el suelo y vuelve a colocar los brazos en la posición de descanso. Respira y repite el ejercicio tres o cuatro veces.

SUPER APERITIVOS

El hecho de tomar más cantidad de comidas pero con raciones más pequeñas regula el nivel de azúcar en sangre, evitándose de esta forma subidas y bajadas en tus niveles de energía. Asegúrate de tomas carbohidratos de liberación lenta (alimentos que proporcionan energía de forma progresiva y aumentan lentamente los niveles de azúcar en la sangre en lugar de aquellos alimentos que proporcionan energía de manera instantánea seguida de un bajón). No comas patatas fritas ni chocolate; en su lugar, toma tortas de avena, tostadas de pan integral con mantequilla de cacahuete, ensalada de frutas con yogur, un cuenco de cereales ricos en fibra con plátano y frutos secos, galletas saladas, cacahuetes y manzanas o cerezas, que te harán sentirte llena y con energía durante más tiempo.

BEBE PEQUEÑOS TRAGOS DE AGUA DURANTE TODO EL DÍA

El agua alimenta todas las células del cuerpo y lo mantiene en marcha. Los chinos creen que beber de forma gradual en lugar de beber varios vasos de golpe es la clave para conseguir una hidratación constante que proporcione energía.

COME AL AIRE LIBRE

La falta de luz natural combinada con la exposición a la luz producida por un tubo fluorescente (la que se utiliza en la mayor parte de las oficinas) disminuye la producción de melatonina por parte del cuerpo, lo que puede llevarte a sentirte física y mentalmente cansada. El simple hecho de tomar el almuerzo bajo la luz del sol o dar un paseo de veinte minutos puede ayudarte a recuperar tu vitalidad.

PRUEBA CON LAS HIERBAS

Se dice que el ginseng siberiano ayuda al cuerpo a superar los periodos de estrés. Los expertos afirman que refuerza la resistencia y fortaleza del orga-

nismo, mejora la capacidad intelectual y ayuda a concentrarse e incluso aumenta la longevidad y refuerza el sistema inmunológico. Y además estimula la libido. También se dice que el ginkgo biloba es un gran potenciador de la memoria. El hecho de tomar un suplemento ayuda a acelerar la capacidad de reacción y mejora el estado de atención y concentración en pocas horas.

¿Cuál es tu duda?:

P ¿Cómo puedo evitar quedarme medio dormida en las reuniones?

R *Cuando sientas que te invade el sopor puedes probar a oler algo agradable y fuerte. El hecho de oler ciertos aceites esenciales puede ayudarte a mantenerte alerta, así que cuando necesites espabilarte rápidamente vierte unas gotas de limón, menta o pomelo en un pañuelo e inhala.*

P A veces no me siento con fuerzas ni para levantarme de la cama, así que imagina para hacer ejercicio. ¿Alguna sugerencia?

R *Prueba a estirarte. Cuando los músculos están tensos o doloridos, pueden drenar tus reservas de energía y el agotamiento se refleja en la cara. Dedica cinco o diez minutos a realizar una sesión de estiramientos para relajar los músculos, ejercitar las articulaciones y mejorar el flujo de sangre por el organismo. Si consigues hacerlo bien, el color volverá a tus mejillas. El estiramiento de los grupos de músculos grandes (en la parte delantera y trasera de los muslos y en las nalgas) mejora el flujo de sangre en todo el cuerpo.*

P ¿Hay algún truco de maquillaje para la piel apagada?

R *La exfoliación elimina las células muertas de la piel y restaura su brillo natural; incluso lavarse la cara con una manopla puede favorecer la circulación. Las bases de maquillaje que reflejan la luz son estupendas para hacer que la piel resplandezca. Después debes aplicarte con una brocha un bronceador claro de color perla sobre la cara. Alternativamente, aplícate un poco de colorete en las manzanas de las mejillas antes de aplicarte la base de maquillaje (para encontrar las manzanas, fíjate en tus mejillas y sonríe). Un poco de brillo de labios también ilumina la cara.*

19

Las reglas del sol

Si no te proteges del sol las consecuencias serán difíciles de olvidar, por lo tanto toma el sol con precaución o simula un bonito bronceado.

Todos somos perfectamente conscientes de que el sol acelera el proceso de envejecimiento. Es un hecho cruel, ya que las piernas bronceadas parecen más largas y delgadas. Por eso no podemos evitar ponernos al sol cada vez que sale.

Estos son los terribles datos: entre el 80 y el 90 por ciento del envejecimiento de la piel está causado por motivos medioambientales, sobre todo los rayos ultravioletas del sol. De hecho, el sol puede envejecerte tanto como veinte años. Los estudios recientes muestran que las personas con melanomas malignos tienen el doble de posibilidades de haber sufrido quemaduras producidas por el sol al menos una vez en su vida.

Por lo tanto, si no puedes evitar exponerte al sol, al menos evita quemarte a toda costa. A continuación encontrarás unas cuantas reglas para tomar el sol de manera segura que no debes olvidar.

UTILIZA AUTOBRONCEADORES

Es menos probable que te sientes al sol hasta que te frías para igualar el bronceado de las demás si no estás blanca como la leche el primer día de vacaciones. Pero recuerda que el bronceado de los autobronceadores no protege tu piel del sol por lo que necesitas crema protectora.

NO PROLONGUES EXCESIVAMENTE LA EXPOSICIÓN

Si te bronceas gradualmente, existen menos posibilidades de dañar las células de la piel, lo que también disminuye las probabilidades de padecer cáncer de piel. Empieza por tomar el sol durante una hora por ejemplo el primer día, después dos el día siguiente y así gradualmente para que el cuerpo se vaya acostumbrando. Según los expertos, no debemos exponernos al sol durante más de cuatro horas como máximo al día. Además, tomando el sol de manera gradual el bronceado durará más tiempo.

Una buena idea

Se ha descubierto que algunos alimentos minimizan el daño producido por el sol. Así, se recomienda comer en abundancia melón y frutas verdes, rojas y amarillas y verdura, todos alimentos repletos de antioxidantes. Para la cena, sigue la dieta mediterránea, rica en verduras y aceite de oliva que previene las arrugas y protege de los daños causados por el sol. (No dejes de utilizar la crema de protección solar por muchos melones que comas).

CONOCE EL PROTECTOR SOLAR

Los estudios recientes muestran que como mínimo debemos utilizar un SPF 15, así que al comienzo de tus vacaciones utiliza un factor de protección mayor y después baja al 15. Si normalmente la piel se quema a los, digamos, diez minutos sin crema de protección, el SPF 15 proporciona 150 minutos de protección después de los cuales la piel se quema, por lo que pasado este tiempo hay que aplicarse más crema, ponerse a la sombra o cubrirse el cuerpo totalmente. Recuerda que es necesario utilizar protección tanto contra los rayos UVA como contra los rayos UVB (busca la clasificación de cuatro estrellas).

Puedes elegir entre las cremas solares protectoras químicas, que absorben los rayos UV peligrosos, y las cremas físicas, como el óxido de cinc o el dióxido de titanio, que protegen la piel al reflejar los rayos UV. Si tienes la piel sensible, es mejor utilizar las cremas protectoras físicas ya que irritan menos la piel. Muchos productos solares también incluyen antioxidantes, algo muy beneficioso ya que reparan el daño producido por el sol y el viento.

CÚBRETE

Mantente a la sombra entre las 11 a.m. y las 3 p.m., cuando el sol es más fuerte. Usa sombrero o pañuelo para cubrirte la cabeza, échate la siesta o pasa este periodo a la sombra en el chiringuito. (Si bebes más de la cuenta quizá no seas capaz de volver a tomar el sol ese día).

EXTRAS

Cuando nades o juegues al volleyball en la playa también debes utilizar cremas solares adecuadas. Según parece el 85 por ciento de los rayos solares pueden penetrar en el agua. *Waterproof* (a prueba de agua) indica que el producto mantiene su grado de protección contra el sol hasta ochenta minutos de permanencia en el agua, y *water-resistant* (resistente al agua) indica que mantiene la protección hasta unos cuarenta minutos de permanencia en el agua, por lo que debes aplicarte más crema cuando salgas del agua.

Aplícate la crema de protección solar treinta minutos antes de exponerte al sol, ya que esto es lo que tarda más o menos el producto en impregnar la piel y así evitarás que se elimine la crema por el roce. Si te aplicas la crema antes de salir por la mañana y después te aplicas un poco más cuando llegues a la playa, aumentarás la protección en un 60-85 por ciento.

Asegúrate de aplicarte suficiente crema protectora; el equivalente son dos cucharaditas para cada parte del cuerpo, como por ejemplo una pierna, un brazo o un hombro. Un bote de crema de 400 ml es suficiente para unos diez días en el caso de una persona media.

¿Cuál es tu duda?:

P Reconozco que me he pasado. ¿Es posible reparar mi piel?

R *No es posible deshacer la mayor parte del daño, pero sí puedes reparar los síntomas. Bebe mucho líquido y aplícate crema hidratante para reducir la temperatura de la piel. Cualquier hidratante sirve para rehidratar tu piel, pero procura que contenga ingredientes hidratantes como aloe, alcanfor o camomila. Toma baños de agua fría para calmar la piel o aplícate compresas frías en las zonas quemadas. Añade un poco de bicarbonato al agua para aliviar el dolor. Si se te ha quemado, digamos por ejemplo, la nariz o la zona de la línea del bikini, una crema de alta protección de SPF 30 reducirá en un 96 por ciento el efecto de los rayos solares que queman la próxima vez que te aventures a tomar el sol. El uso de un aftersun también prolonga el bronceado y restituye la hidratación de la piel.*

P ¿Tienen fecha de caducidad las cremas solares? Estoy utilizando una que encontré en el fondo del armario del cuarto de baño y parece un poco rara.

R *Muchos productos solares llevan ya indicada la fecha de caducidad, pero la mayoría mantienen su grado de efectividad durante unos dos años y medio. No guardes los productos solares en el frigorífico, ya que las temperaturas extremas pueden alterar su eficacia; por la misma razón, mantén la crema a la sombra cuando tomes el sol. No utilices la crema si está descolorida, aguada o si huele mal.*

20

Los pies primero

Por lo general, no nos acordamos de los pies hasta que llega el verano, y para entonces tenemos un gran trabajo que realizar. Para evitarlo, debes cuidarlos a diario.

El hecho de prestarles atención a tus pies puede mejorar tu salud y tu bienestar, además de evitar que los demás pongan cara de asco cuando los ven.

Los pies están sometidos a un gran esfuerzo ya que damos una media de 4.000 ó 5.000 pasos al día. Además, muchos nos pasamos una gran parte de la vida corriendo de un sitio a otro con unos zapatos inadecuados, lo que puede causar problemas que van desde ampollas hasta callos, además de empeorar los juanetes, los dolores de espalda y problemas relacionados con la postura del cuerpo.

Todos llevamos dentro una Sarah Jessica Parker: el dinero es lo único que separa a la mayoría de las mujeres de un hábito serio a Manolo. Parece que las mujeres están genéticamente programadas para mantener el equilibrio sobre zapatos poco prácticos, pero la verdad es que una elección acertada del calzado que se utiliza para trabajar contribuye a reducir los daños sufridos por los pies. Cuando compres zapatos, piensa primero en adquirir unos para realizar las tareas pesadas. ¿Para qué usarás esos zapatos? ¿Vas andando al trabajo? ¿Pasas mucho tiempo dando vueltas cuando vas de compras?

Los especialistas recomiendan el uso de zapatos de tacón bajo (no más altos de cuatro centímetros) con punta redondeada para el uso diario. También recomiendan no utilizar los mismos zapatos en días consecutivos ya que tardan unas 24 horas en secarse completamente y unos zapatos sudados pueden causar mal olor de pies e infecciones por hongos.

Utiliza zapatos de tacón alto solo para las ocasiones especiales; si los usas a diario acabarás por dañar tus pies y tendrás problemas de postura. Lo que es más, hasta pueden acortar los músculos de las pantorrillas y hacer que parezcan rechonchas.

Una buena idea

Estimula los puntos de acupuntura de tus pies. ¿Tienes el cuello rígido? Pásate suavemente el dedo pulgar y los demás dedos por la zona del pie que hay debajo de los dedos y por la base del dedo gordo. ¿Te duele la espalda? Pásate despacio el dedo pulgar hacia el talón por el borde interior del pie siguiendo la línea de los huesos del arco.

El uso de zapatos apretados también puede producir la aparición de juanetes, la curvatura de los dedos e hinchazón y dolor de las articulaciones. Merece la pena que revises cuidadosamente tu zapatero, ya que el uso de zapatos pequeños puede empeorar estos problemas. Un pedicuro puede ayudarte a limitar el daño ya que te recomendará que utilices zapatos con la cara interior recta, lo que evita una presión excesiva sobre la articulación. También puedes utilizar parches protectores para aliviar la presión sobre las articulaciones y alteraciones de los zapatos o plantillas especiales que contribuyen al funcionamiento más efectivo de los pies. En casos más graves, puede ser necesaria una intervención quirúrgica.

Es necesario cuidarse regularmente los pies y hay pocos tratamientos que te hagan sentir más reconfortada que una sesión con el pedicuro o el podólogo, así que sométete a uno de estos tratamientos una vez cada tres meses. El resto del tiempo:

Elimina regularmente las durezas con una piedra pómez.

Córtate las uñas de los pies con unas tijeras adecuadas, cortándolas siempre rectas sin recortar hacia abajo en los extremos, porque así es posible que se te claven en la carne.

Adquiere el hábito de lavarte los pies todas las noches con agua jabonosa caliente, pero sin mantenerlos en remojo demasiado tiempo o con el agua demasiado caliente para no eliminar los aceites naturales de la piel.

Estira los pies y ejercita los músculos haciendo grandes círculos con los pies (en el sentido de las agujas del reloj y en sentido contrario) y repite el movimiento cuatro o cinco veces con cada pie.

Asegúrate de secarte bien los pies, sobre todo entre los dedos. Aplícate crema hidratante por todo el pie, evitando las zonas interdigitales y después aplícate un producto en polvo para los pies.

Date un masaje suave en los pies de forma habitual. Para ello puedes utilizar productos especiales, tu crema corporal o algún aceite esencial de aromaterapia diluido en aceite hidratante.

La frase

"Si los tacones altos fuesen tan maravillosos, los hombres los usurarían".

Sue Grafton, escritora

¿Cuál es tu duda?:

P   ¿Cómo puedo tratarme la piel cuarteada de los talones y la parte inferior de los pies?

R   *Primero, aplícate una crema suavizante en la zona; utiliza una piedra pómez para eliminar la piel dura y después aplícate una crema hidratante para suavizar la piel, como por ejemplo una crema acuosa o E45.*

P   ¿Cómo puedo conseguir que me huelan menos los pies?

R   *Cámbiate de zapatos todos los días y utiliza algún producto bueno para el cuidado de los pies. Los mentolados proporcionan un agradable frescor y los desodorantes para pies (incluso los desodorantes para las axilas) contribuyen a mantenerlos frescos y con buen olor. Utiliza calcetines de fibras naturales, preferiblemente algodón, y cámbiatelos todos los días. Siempre que sea posible, usa zapatos adecuados y sandalias que permitan circular el aire. Pulverízate los espacios interdigitales con un producto fungicida.*

P   ¿Cuál es la mejor forma de librarse de una verruga?

R   *Las verrugas que aparecen en las plantas de los pies suelen empezar por mostrar una pequeña área rosada con puntos negros que después se vuelven más oscuros con una zona rugosa y áspera. Están causadas por un virus de papiloma contagioso que se encuentra en zonas poco limpias como duchas, baños y piscinas. Qué asco. Si la verruga no te duele y no crece, déjala que se cure sola, aunque puedes cubrírtela con una tirita. También puedes comprar un gel o una pomada al efecto en la farmacia. Si te duele o crece, consulta con un podólogo, que puede decidir quitártela mediante cirugía. Lo mejor es prevenir, así que lávate los pies con frecuencia y procura no andar descalza en sitios públicos (utiliza chanclas o calcetines).*

21

Vencer la hinchazón

La hinchazón es la cruz en la vida de muchas mujeres. Puede añadirte unos cuantos kilos de más, limitar instantáneamente tus posibilidades de utilizar la ropa de moda y obligarte a usar ropa de "tallas grandes". Pero afortunadamente *puedes* vencerla.

Ya sabes en qué consiste. Cuando tienes el estómago plano y firme el mundo parece un lugar mejor y más bonito; puedes deslizarte sin esfuerzo dentro de unos vaqueros, los vestidos negros estrechos te favorecen y no te asusta ponerte un bikini.

El estómago se hincha debido al aire que se queda retenido en el sistema digestivo. Los principales causantes son la intolerancia a algunos alimentos, el estreñimiento, el exceso de alcohol, el exceso de sal, el hecho de comer demasiado deprisa o tomar en exceso alimentos que producen gases como son las judías. Algunas mujeres se hinchan también durante los periodos premenstruales. Incluso se puede culpar al estrés. A continuación puedes encontrar algunas formas de reducir ese protuberante estómago:

Reduce la ingesta de alimentos que hinchan como el trigo y reemplázalo por arroz y avena, que normalmente se toleran mejor. Cambia los cereales de trigo por los cereales de salvado o desayuna fruta fresca y yogur.

Evita los estreñimientos tomando mucha fruta fresca y verdura y tomando gran cantidad de líquido. Además, ve al baño en cuanto sientas la necesidad ya que contener las ganas puede dañar tu sistema digestivo.

Prueba con los productos prebióticos (acidófilos), que contribuyen a restablecer el equilibrio entre las bacterias malas y las buenas del sistema digestivo. Si se produce un desajuste de este equilibrio, el sistema se ralentiza lo que produce la acumulación de gases. Puedes adquirir algunos suplementos en la farmacia o tomar un yogur bio o un yogur líquido a diario.

Toma gran cantidad de frutas. Las manzanas, peras y el ruibarbo son una gran fuente de potasio, que ayuda a equilibrar el nivel corporal de fluidos. También son una fuente importante de pectina, una fibra soluble que ayuda a ser regular. Otras frutas que no producen hinchazón son las cerezas y los cítricos. La piña es también estupenda para combatir la hinchazón, ya que contiene una encima maravillosa denominada bromelaína que ayuda a hacer la digestión, alivia los gases y calma el estómago. Es mejor tomar piña fresca en lugar de enlatada, porque de esta forma pierde mucha bromelaína. La papaya también contiene encimas como la papaína que te ayuda a hacer la digestión, sobre todo si has tomado muchos alimentos ricos en carne.

Consume menos alcohol y reduce la sal en las comidas, ya que favorece la retención de fluidos e hincha aún más el estómago. Esto se debe a que el cuerpo retiene el líquido para diluir el exceso de sal. Procura no añadirle sal a las comidas y además consume menos alimentos precocinados y procesados porque por lo general contienen gran cantidad de sal. Intenta cocinar todos los alimentos para poder controlar tu ingesta de sal.

Una buena idea

El estrés puede causar estragos en tu sistema digestivo, así que procura dedicar todo el tiempo que puedas a descansar y a relajarte y desarrolla algunas estrategias para cortar el estrés de raíz.

Consume muchos diuréticos naturales para combatir la retención de líquidos; entre ellos, la cebolla, el apio, el perejil, el café, el té, la berenjena, el ajo y la menta.

Asegúrate de comer suficiente cantidad de proteínas como pescado, carne magra o tofu, ya que los expertos en nutrición afirman que estas también alivian la retención de líquidos. Pero no te excedas con las judías o las legumbres porque pueden empeorar la situación.

Observa tus síntomas premenstruales y si te hinchas mucho todos los meses, toma un suplemento. Se ha demostrado que la ingesta de 1.000 mg de calcio al día (la cantidad diaria recomendada son 700 mg) puede mejorar los problemas relativos a la retención de agua. Prueba con los suplementos de vitamina B6 para reducir esos desagradables síntomas premenstruales.

Bebe al menos ocho vasos de agua al día. Es mejor tomarla cada poco tiempo y en pequeñas cantidades.

Tómate las comidas con calma, no comas a toda prisa, saborea la comida y mastica bien cada bocado. Al engullir la comida se traga aire, lo que contribuye a hincharte.

Prueba con algunos movimientos de tonificación del estómago. Pilates es un buen método de trabajar los músculos del estómago. Cuando descubrí este método, conseguí tener el estómago duro como el acero en tan solo unas semanas. Sin duda ayuda a levantar el estómago y a aplanarlo y también ayuda a devolver la cintura a su tamaño original después de dar a luz.

¿Cuál es tu duda?:

P   Dejar la sal ayuda a no hincharse, pero entonces ¿cómo cocino?

R   *Utiliza hierbas frescas, zumo de limón o zumo de lima. En un par de semanas, tu paladar se adaptará y no la echarás de menos.*

P   ¿Puede ser que tenga intolerancia a algún alimento?

R   *¿Cómo te sientan los alimentos que normalmente hinchan como el trigo o los productos lácteos? Prueba durante una semana más o menos a tomar poca carne o* *lácteos y observa qué aspecto tiene tu estómago y cómo te sientes. Pero asegúrate de tomar una dieta equilibrada y anota los resultados en un diario. En lugar de trigo, come arroz integral, fruta y verdura para tomar fibra; pescado en lata o fresco para tomar calcio. Las leches de soja, el yogur y los postres son alternativas a la leche para las personas que sufren intolerancia a la lactosa. Consulta con tu médico si sospechas que puedes tener intolerancia a algún alimento.*

P   He seguido una dieta pero sigo teniendo mucha barriga. ¿Puedes decirme algún truco?

R   *Seguramente debes reafirmar los músculos del estómago mediante algunos ejercicios, pero si quieres conseguirlo rápidamente puedes utilizar unas medias con comprensión en la zona de la barriga o con refuerzo para aplanar el estómago. Pero no te olvides de que las llevas puestas cuando tengas una cita importante para no estropear el momento.*

22

Respirar para estar bella

¿Sientes ansiedad? ¿Estás nerviosa? ¿Te sientes intranquila? El hecho de perfeccionar algunas simples técnicas de respiración puede ayudarte a afrontar los retos de la vida con calma interior y belleza exterior.

De acuerdo, afortunadamente ya sabes cómo respirar, si no fuera así no habrías podido llegar hasta este capítulo del libro sin haber requerido asistencia médica. Pero la cuestión es: ¿estás respirando correcta y productivamente?

La respiración puede ser una herramienta realmente importante de belleza y bienestar. Para empezar, ¡si no respirases estarías muerta y eso no resulta nada atractivo! Al respirar lenta y profundamente se llenan todas y cada una de las células con oxígeno, que alimenta la piel y los órganos y confiere energía. El hecho de desarrollar una buena técnica de respiración profunda puede ayudarte a mantenerte calmada en periodos de crisis, a dormir mejor, a obtener mejores resultados de la práctica de ejercicio y a mejorar tu postura, lo que te hará parecer más alta y delgada. Todo esto te hará a su vez parecer más atractiva.

Comienza por analizar cómo respiras. Párate un momento y observa cómo respiras justo en este momento. ¿Respiras superficialmente o notas cómo se hincha tu abdomen con grandes bocanadas de aire?

Cuando sentimos ansiedad, estamos intranquilos o más tensos de lo normal, tendemos a respirar superficialmente. De hecho, la mayoría respiramos superficialmente todo el tiempo y solo utilizamos alrededor del 30 por ciento de nuestra capacidad pulmonar. En este caso estamos privando al cuerpo del oxígeno que nos llena de vida, mejora nuestra salud y nos confiere belleza.

Una buena idea

Puedes hacer llegar más oxígeno a tus pulmones practicando ejercicio. Cuando estás sentada sin hacer nada, respiras alrededor de medio litro de aire con cada respiración, pero mientras practicas ejercicio respiras hasta cuatro litros y medio en cada bocanada de aire porque los músculos necesitan generar más energía.

Cada vez que respiras, las moléculas de oxígeno pasan de los pulmones a la sangre, donde se combinan con hemoglobina, un pigmento que se encuentra en los glóbulos rojos de la sangre, para producir un compuesto denominado oxihemoglobina que le confiere a la sangre su color rojo. La oxihemoglobina se distribuye después por todo el cuerpo a través del flujo sanguíneo, proporcionando el necesario oxígeno a los tejidos. También recoge el dióxido de carbono, el producto de deshecho de la respiración, que es devuelto a los pulmones para expulsarlo con la expiración. Cuando respiras superficialmente utilizando solo la parte superior de los pulmones, no te deshaces de todo el desperdicio, por lo que aprender a respirar profundamente equivale a facilitarle al cuerpo una especie de maravillosa desintoxicación de forma muy económica.

Dedica todos los días cinco o diez minutos a respirar correctamente para no perder la costumbre. Intenta respirar con el abdomen en lugar de con el pecho, inhala despacio a través de las fosas nasales y siente cómo entra el aire llegando a todas las células de tu cuerpo, al cerebro y a la piel. Deja que se te hinche el estómago y después expulsa el aire por la boca de forma pausada y tranquila. Cuenta despacio mientras inspiras y expiras, asegurándote de que tardas lo mismo en tomar aire que en echarlo. Intenta visualizar el aire que expulsas cargado de esos productos de desperdicio que salen de tu cuerpo, dejándolo más limpio y puro.

Prueba el siguiente ejercicio de yoga de respiración alternante por la nariz. Se dice que equilibra la prana (la energía vital) del cuerpo y es estupendo para inundar de oxígeno el cerebro y el cuerpo. Además, también es un buen método para relajarse en cinco minutos.

Siéntate cómoda, con la espina dorsal recta y los hombros relajados.

Con la mano derecha, coloca el dedo pulgar junto a la fosa nasal derecha y el meñique y el anular junto a la fosa nasal izquierda.

Cierra la fosa nasal derecha con el dedo pulgar e inspira por la otra fosa nasal contando hasta diez.

Cierra la fosa nasal izquierda con el dedo anular y, levantando el dedo pulgar, expulsa el aire por la fosa nasal derecha contando también hasta ocho.

Después respira por la misma fosa contando hasta diez. Luego ciérrala con el pulgar y, levantando el dedo anular, expulsa el aire por la fosa nasal izquierda volviendo a contar hasta ocho.

Repite todo el proceso varias veces durante un periodo de cinco minutos. Haciéndolo todos los días descubrirás que te ayuda enormemente a aclarar tu cabeza y a relajarte.

¿Cuál es tu duda?:

P   No puedo dormir por las noches. ¿Puedes aconsejarme algún ejercicio que me ayude?

R   *Elige una palabra con una connotación de tranquilidad, como "dormir", "relajarse" o "paz". Túmbate en la cama tranquilamente y relaja de forma consciente todos y cada uno de los músculos del cuerpo. Inspira lentamente por las fosas nasales y* *expulsa el aire por la boca, repitiendo la palabra elegida en silencio. Cuando se te vengan a la cabeza otros pensamientos, recházalos y limítate a repetir la palabra en silencio cada vez que expulses el aire. En poco tiempo te quedarás dormida.*

P ¿Se puede utilizar la respiración para controlar el estado de ánimo cuando uno se siente nervioso o enojado?

R *Cuando tengas altibajos emocionales, procura respirar por la nariz lentamente y, cuando expulses el aire, haz un ruido gutural, casi como un rugido, con el estómago. Esto puede parecerte raro y obviamente no puedes realizarlo en la oficina, pero te servirá para olvidarte de la causa de tu tristeza/ansiedad/enfado y te ayudará a controlar tu respiración. El hecho de respirar profundamente también es una forma estupenda de controlar la tristeza ya que contribuye a relajar todos los músculos e induce al cuerpo a liberar endorfinas, los tranquilizantes naturales del propio cuerpo.*

P ¿Cómo puedo asegurarme de que estoy respirando profundamente de forma correcta?

R *Túmbate y coloca una mano sobre el pecho y la otra sobre el estómago. Cuando respiras correctamente con el diafragma, la mano que está sobre el pecho no debe moverse demasiado, pero la que tienes sobre el estómago debe subir y bajar de forma acompasada con la respiración. Practica todos los días para coger el truco.*

23

Cómo caber en el bikini

Estar guapa cuando se lleva poca ropa encima requiere una serie de tácticas propias de una especialista.

Además, existen algunas normas a la hora de comprar un bikini que no deben romperse a menos que se tengan menos de dieciséis años, se sea Ursula Andress o se tenga la figura de una modelo con un trasero con el que se podrían cascar nueces.

Primero, mírate de arriba abajo en un espejo de cuerpo entero. Fíjate en tus proporciones y determina la forma de tu cuerpo. ¿Tienes la forma de una pera, de una manzana, de un estupendo reloj de arena, estás mal compensada, cargada con alforjas o simplemente eres plana o por el contrario voluptuosa? Decide qué partes quieres ocultar y cuáles deseas mostrar con orgullo.

Analiza los trucos que se incluyen a continuación. Considéralos como una guía para comprarte un bikini. La verdad es que puedes usar bikinis aunque tu cuerpo no sea ni parecido al de una modelo, solo tienes que saber algunas cosas importantes como qué te hace parecer más delgada, qué colores y formas te favorecen, es decir, qué debes elegir para resaltar tus partes buenas y disimular las malas. (¡Gritar que alguien se está ahogando no es la única opción!).

¿TIENES POCO PECHO?

La mejor forma para aumentar un pecho pequeño es utilizar sujetadores con relleno y camisetas con adornos o líneas horizontales. También puedes probar a utilizar sujetadores con aros que añaden más dimensión a un pecho plano.

¿TU CUERPO TIENE FORMA DE PERA O TIENES EL TRASERO GRANDE?

Ten cuidado con la parte inferior de los bikinis. Prueba los que se atan a los lados, ya que estilizan las caderas anchas. Además, puedes adaptártelos perfectamente y las lazadas distraen la atención de las chichas y gorduras. También puedes utilizar bikinis con pantalones cortos o falditas.

Una buena idea

Antes de lanzarte al agua con ese estupendo bikini nuevo, asegúrate de que es cómodo y práctico en el vestuario. Comprueba que te cubre bien todas las curvas cuando te mueves y levantas los brazos, y asegúrate también de que la braguita no se sube indiscretamente agachándote unas cuantas veces o poniéndote de rodillas.

¿QUÉ COLOR ELEGIR?

Si quieres disimular un trasero con demasiadas curvas y resaltar un pecho demasiado plano, elige un color oscuro liso para las braguitas y deja el color y los estampados para la parte de arriba. ¿Tienes el pecho grande y el trasero pequeño? Aplica el truco al contrario.

¿TIENES MUCHO PECHO?

Un pecho grande no resulta nada sexy cuando se tiene un par de grandes tetas e intentas meterlas en un traje de baño. Para distraer la atención del pecho y atraerla hacia la cara y a la vez alargar el torso, utiliza bañadores o bikinis en forma de V. De esta forma apartarás la atención de tu escote, dividiendo tu pecho en dos. Otra forma de minimizar un pecho grande es utilizar tirantes anchos.

¿TIENES BARRIGUITA?

Utiliza tops y bañadores con refuerzo, que disimulan la barriga. Procura también que las braguitas del bikini sean de cintura alta para que te cubran el abdomen.

Cuando llegues a la playa:

Siéntate y respira profundamente disfrutando de la maravillosa brisa marina, que te ayudará a tranquilizar tu espíritu y a dormir mejor.

Piensa que la playa es como un gran gimnasio al aire libre. No te limites a estar tumbada, dedícate a nadar, uno de los mejores ejercicios integrales ya que trabaja todos los grupos principales de músculos y, además, no daña las articulaciones.

La frase

"No existe una belleza perfecta que no tenga algo de rareza en sus proporciones".

Sir Francis Bacon

Camina por el agua en una zona donde te llegue por la cintura. Es un ejercicio estupendo para tonificar la parte inferior del cuerpo y contribuye a reafirmar los glúteos y los muslos. Correr descalzo por la arena ayuda a tonificar los músculos de las pantorrillas y además sirve para exfoliar la piel de los pies al mismo tiempo.

Si estás realmente cómoda con el bikini, puedes jugar un partido de volleyball con el que quemarás hasta 300 calorías en tan solo treinta minutos y reafirmarás los glúteos, muslos, pecho y brazos.

¿Cuál es tu duda?:

P   Tengo los hombros muy anchos, ¿cómo puedo conseguir que parezcan más femeninos?

R   *Piensa en la línea del cuello. Un traje de baño o bikini con el cuello en forma de U te hará parecer más estrecha de hombros y delicada.*

P   Me veo inmensa con mi nuevo bikini estampado aunque he seguido todas tus recomendaciones. ¿En qué me he equivocado?

R   *¿Cómo es el estampado? Si has elegido una prenda con motivos grandes, es probable que te haga más rellenita de lo que eres en realidad. La mejor regla a la hora de elegir un estampado es que este sea más pequeño que tu puño; de esta forma no te hará más gorda.*

P   Has mencionado a Ursula Andress y a mí me encantan esos bikinis con cinturón que llevaba en Doctor No. ¿Le sientan bien a todo el mundo?

R   *La buena noticia es que sí, sientan bien. Además de ser muy sexy, son muy prácticos porque el cinturón contribuye a marcar la cintura, lo cual hace que la mujer parezca más delgada en esta zona del cuerpo. Quién sabe, quizá Ursula Andress intentaba disimular unos cuantos kilos de más.*

24

Sueño de belleza

No hay nada más agradable y restaurador que dormir bien por la noche. A continuación puedes descubrir cómo conseguirlo esta misma noche.

Después de acostarte tarde y levantarte temprano durante varios días te das cuenta de por qué se
denomina "suelo de belleza". La falta de sueño normalmente se traduce en una piel gris y pálida, labios
apagados y mal humor.

Esto ocurre porque el trabajo de restauración corporal se produce mientras dormimos; a medida que pasamos por las diferentes etapas del sueño, la
piel se restaura y segrega la hormona del crecimiento para reparar y regene-
rar todas las células del cuerpo. El sueño también nos permite procesar la información que hemos acumulado durante el día; sin descanso nuestro cerebro no funciona correctamente. Además, la falta de sueño afecta nuestro sistema inmunológico, haciéndonos más susceptibles a sufrir infecciones.
También puede hacer que aumentemos de peso ya que cuando estamos cansados nuestra fuerza de voluntad se debilita y tenemos más posibilidades de
abandonar la práctica de ejercicio y dedicarnos a comer alimentos ricos en
grasas, azúcar o sal.

¿CUÁNTO HAY QUE DORMIR?

Algunas personas solo necesitan dormir unas cuantas horas, pero la mayoría necesitamos entre seis y ocho horas para sentirnos descansados. Muchos expertos afirman que lo ideal es dormir siete horas.

¿QUÉ HACER CUANDO SE DUERME MAL?

A continuación encontrarás diez sugerencias para dormir mejor.

Sigue una rutina

La mejor forma de asegurarte que dormirás bien es seguir un horario regular tanto para irse a la cama como para levantarse. No cometas el error de pensar que puedes aprovechar los fines de semana para echarte una siesta a mediodía, ya que de esta forma solo conseguirás alterar tu patrón de sueño y te costará más trabajo dormirte el domingo por la noche. Acuéstate y levántate a la misma hora todos los días, incluidos los fines de semana, y si quieres dormir un poco más, procura que no sea una hora más de lo normal.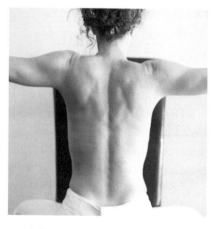

Utiliza tapones para las orejas

Si tu pareja o los vecinos conspiran contra ti, busca la forma de ignorarlos. Cuando te despiertas en mitad de un ciclo de sueño (un ciclo dura aproximadamente una hora y media) a causa de los ruidos, te sientes muy cansado y como si tuvieses resaca, lo que es realmente molesto si la sumas a una resaca auténtica.

Una buena idea

En lugar de dar cabezadas durante una hora, es mucho más efectivo echarse una siesta de quince minutos, preferiblemente entre las 2 p.m. y las 4 p.m., cuando el cuerpo está preparado para dormir. Si estás en el trabajo, descansa diez minutos y apoya la cabeza sobre la mesa, cierra los ojos y concéntrate en ralentizar tu respiración y despejar tu mente.

Prueba con la lavanda

La lavanda es un remedio tradicional muy popular y se ha comprobado científicamente que tiene un efecto sedativo sobre el cerebro. Prueba a rociar un poco sobre un pañuelo, la almohada o el pijama.

Come correctamente para dormir bien

Evita tomar alimentos excesivamente pesados por la noche y deja pasar dos horas después de una comida suculenta antes de irte a la cama. Antes de acostarte, toma una pequeña cena rica en carbohidratos, como galletas saladas o una tostada, ya que los carbohidratos liberan serotonina, que ayuda a relajarse.

Usa el dormitorio solo para dormir (o para las relaciones sexuales)

Nunca trabajes, comas o veas televisión en la cama.

Duerme en una postura adecuada

Según la sabiduría china, la mejor postura para descansar bien es sobre el lado derecho, en posición fetal, con las piernas ligeramente separadas y el brazo derecho frente a la almohada. Se dice que esta posición facilita la circulación de la sangre.

No llenes la cama de cosas

En lugar de llenar la cama de almohadas, limítate a utilizar sábanas suaves y un pijama ligero y suelto. Deja una ventana abierta si hace calor ya que se duerme mejor cuando la temperatura corporal es más baja.

No te acuestes con gases

Si eres propensa a padecer de gases, evita tomar verduras cruciformes, como la coliflor, la col y el brócoli por la noche ya que te llenarán de gases que te impedirán dormir.

Deja tu mente en blanco

Guarda un cuaderno de notas junto a la cama para apuntar todas tus preocupaciones o las cosas pendientes que tienes que hacer y que rondan por tu cabeza cuando intentas dormir. Apúntalas en el papel y olvídate de ellas.

Relájate

Respira lenta y profundamente a través de las fosas nasales y expulsa el aire por la boca observando cómo sube y baja el diafragma. Intenta tomar aire durante unos cuatro segundos y después expúlsalo durante otros tantos. Relaja todos y cada uno de los músculos de tu cuerpo. Escanea mentalmente tu cuerpo para descubrir qué está tenso y contrae cada zona hasta que esté dura y te sientas incómoda y después afloja la tensión.

¿Cuál es tu duda?:

P ¿Hay algún sedante natural?

R *Prueba alguno de los remedios herbales que encontrarás en los mostradores de las tiendas. La valeriana se utiliza como tranquilizante desde hace mucho tiempo y tiene efectos positivos en los casos de insomnio leve; además tiene muy pocos efectos secundarios. También puedes probar con la acupuntura, que puede ayudarte a dormir más fácilmente.*

P ¿Es posible dormir demasiado?

R *¡Sí! El sueño consiste en ciclos de noventa minutos de sueño profundo y sueño liviano. El cuerpo tiende a despertarse al finalizar cada uno de estos ciclos de noventa minutos, así que si duermes durante muchas horas y te despiertas en medio de un ciclo, puedes sentirte aturdida y somnolienta. Procura atenerte a una rutina.*

P ¿Es buena idea tomarse una copa antes de irse a dormir?

R *Lo siento, pero no. El alcohol puede darte sueño al principio, pero en realidad es un estimulante por lo que altera tu sueño. En lugar de alcohol, toma un té de camomila o leche caliente con una cucharada de miel (la miel es un tranquilizante natural).*

25

La belleza y la playa

La realización de unos ejercicios previos, las tácticas de emergencia y los trucos para tener seguridad en ti misma te ayudarán a mostrar tus atributos con orgullo.

Ya sabes lo que es. Sueñas con poder pasearte por la playa llevando solo un impúdico bikini y una provocativa sonrisa. Estás bronceada y muy estilizada, te paseas medio desnuda de forma tal que empequeñecerías a Bo Derek. Pero si piensas en el segundo día de tus vacaciones te ves colorada como una langosta y con el pelo como un estropajo.

¿Te has fijado en lo increíblemente naturales que parecen los italianos y los franceses en la playa? Recuerdo una ocasión en un complejo de lujo en Cerdeña que estaba rodeada por diosas mediterráneas escasamente vestidas que me hacían sentir especialmente blanca y pálida. La cabeza de mi marido giraba tan rápidamente en todas direcciones que casi necesitó un collarín. Hasta las cuarentonas estaban increíbles: se las apañaban para quitarse los tacones, los collares de diamantes y las viseras de cuero blanco de forma que desprendían atractivo sexual.

El secreto, aparte del hecho de que las mujeres mediterráneas están dotadas de pieles morenas que brillan como el oro, radica en que se arreglan, se protegen, se visten y lucen lo que sea con seguridad en sí mismas. Así que antes de quitarte alguna prenda, piensa que tienes una piel suave, un bañador muy favorecedor y un poco de maquillaje inapreciable e imagínate como una diosa de la playa. Después sigue unas cuantas reglas para estar en la playa:

NO TE OLVIDES NUNCA DE DEPILARTE

Hazlo con la suficiente antelación. No te depiles las ingles o las axilas con una cuchilla Bic en la habitación del hotel en el último momento. Los expertos afirman que la cera es la elección más acertada. Háztela con dos o tres días de antelación y procura no bañarte con agua caliente después para que los folículos no se te pongan rojos porque así la piel tardará más tiempo en calmarse. Si se te irrita la piel, puedes utilizar una crema con hidrocortisona para calmar la irritación.

CONSIGUE UNA PIEL DE BEBÉ

Compra un buen exfoliante para el cuerpo y aplícatelo con movimientos circulares para mejorar la circulación sanguínea. Las sales Epsom son una opción más económica que también te ayudará a limpiar tu piel en profundidad. Solo tienes que llenar una taza con sal y añadir agua hasta que se forme una pasta, extendértela por la piel y después aclarar con agua. Aplícate siempre una crema hidratante después de la exfoliación y espera unos quince minutos antes de aplicarte una crema autobronceadora (se explica más adelante) para que la hidratante no interfiera con el ingrediente activo del producto autobronceador.

PERFECCCIONA TU BRONCEADO

Un buen bronceado puede conseguir que tus piernas parezcan más largas y disimular la celulitis y los michelines. Los tratamientos que se aplican en los salones de belleza suelen ser más efectivos, pero puedes hacerlo tú misma y solo tendrás que limpiarte las manos con limón para eliminar las manchas de las palmas. Aplica menos cantidad de producto autobronceador en aquellas zonas donde la piel sea más gruesa ya que el color permanece durante más tiempo en estas partes. Para evitar que las zonas con huesos superficiales como las rodillas, los codos y los tobillos se oscurezcan retira el exceso de crema hidratante con un pañuelo antes de aplicarte el autobronceador y después aplícalo de forma gradual. Saint Tropez es conocido como el lugar donde se reúne la *crème de la crème* de los falsos bronceados.

Una buena idea

Para vestir como una diosa de la playa piensa en los accesorios: compra un pañuelo vaporoso, un bolso de playa con estilo y bisutería llamativa. Un par de sandalias con tacón en cuña o de alpargata te proporcionarán unos centímetros de más y harán que tus piernas parezcan más largas y esbeltas.

PREPARA TU PELO PARA LA PLAYA

Empieza a aplicarte un tratamiento acondicionador del cabello una vez a la semana más o menos un mes antes de empezar tus vacaciones en la playa. Una vez allí, sustituye tu champú y acondicionador habitual por productos especiales para el sol. ¿En la playa? Si tienes el pelo fino, utiliza geles; si por el contrario lo tienes rizado, ondulado o fuerte, utiliza cremas para protegerlo. Puedes hacerte un moño o cubrirte la cabeza con un pañuelo o una gorra. No te apliques mechas antes de las vacaciones porque el sol y el cloro estropearán el color. Hazte un buen corte de pelo que quede bien tanto seco como mojado.

CUÍDATE LOS PIES

Lo ideal es que un profesional te haga la pedicura antes de irte de vacaciones, pero si tienes que hacértela tú misma en casa, primero lávate bien los pies con jabón, acláralos y después aplícate una crema para pies y envuélvelos en una toalla o una bolsa de plástico durante cinco o diez minutos antes de volver a aclarártelos. ¿Tienes manchas en las uñas de los dedos de los pies? Disuelve en un vaso de agua un par de tabletas para limpiar dentaduras, moja en esta mezcla la lima de uñas y raspa las uñas suavemente. Aclárate con agua templada antes de aplicarte la laca de uñas.

¿Cuál es tu duda?:

P Me he quemado y tengo la cara como un tomate. ¿Qué puedo hacer para aliviar las quemaduras?

R *Puedes reducir la rojez de tu piel con una crema aftersun aplicada como si fuese una mascarilla facial: déjala actuar durante diez minutos y después retírala con un pañuelo. También puedes aplicarte una mascarilla facial a base de yogur natural frío mezclado con zumo de lima: extiéndete la mezcla sobre la cara, déjala actuar durante unos minutos y después aclárate.*

P Me siento como desnuda si no utilizo algún perfume. ¿Cómo puedo utilizar perfume en la playa?

R *El alcohol que contienen algunos perfumes puede manchar la piel, así que es mejor utilizar un desodorante perfumado. También puedes pulverizarte el pelo con una mezcla aromática; por ejemplo, añade tres o cuatro gotas de aceite esencial (diluido en un aceite base) a un bote de spray con agua destilada. Los mejores aceites esenciales para el pelo son el de madera de sándalo, rosa, jazmín y vainilla.*

P ¿Puedo utilizar maquillaje en la playa?

R *Por supuesto, pero mantén un aspecto natural utilizando una mascarilla waterproof, una barra de labios de un color natural (con protección solar) y un maquillaje suave. Elije un maquillaje sin aceite de tipo acuoso para que no produzca brillos.*

26

Una persona alegre

La *alegría de vivir* se refleja hacia el exterior, lo que explica por qué la gente alegre es más atractiva. A continuación puedes descubrir cómo recuperar tu vitalidad.

Solo tienes que leer los anuncios de contactos para comprobar qué creen las mujeres que las hace atractivas para el sexo opuesto. La juventud y el buen aspecto, principalmente. Pero eso no lo es todo.

Las mujeres son educadas para creer que sus características físicas determinan su atractivo, independientemente de su inteligencia o su actitud optimista. No cabe esperar de nosotras que seamos decorativas y a la vez contemos chistes, ¿verdad? Pero lo cierto es que nos resulta muy atrayente y reconfortante estar junto a una persona optimista, inteligente y divertida.

Para empezar, una actitud alegre y un buen sentido del humor reducen las situaciones de estrés, disminuyen la tensión, favorecen las relaciones interpersonales y hacen que las personas de nuestro entorno sean más felices también. Por lo tanto no es de extrañar que nos parezca atractiva una persona que nos hace reír o que ríe con nosotros.

Pasárselo bien es además realmente positivo para el ser humano. Una buena carcajada equivale a una cura interna, porque la risa produce sustancias químicas que ayudan a sentirse bien y que refuerzan el sistema inmunológico. Según parece una carcajada reduce los niveles de la hormona del estrés en nuestra sangre en un 30 por ciento y contribuye a quemar calorías (unas 500 calorías por hora) y además cuando reímos liberamos una endorfina natural que alivia el dolor y que también se libera al hacer ejercicio. Después de un rato riendo, el ritmo cardiaco y la presión sanguínea disminuyen, los músculos se relajan y la respiración es más profunda.

Una buena idea

Anota en una hoja de papel las razones que tienes para ser feliz. Empieza por las situaciones que has vivido hoy y después pasa a la vida en general. Apunta absolutamente todo lo que te dibuje una sonrisa en la cara o te provoque un cosquilleo en el estómago, como por ejemplo tener una familia maravillosa, un buen trabajo o incluso un par de zapatos que has comprado en las rebajas.

Un carácter vivo puede hacer bella a una mujer normal. Para empezar, la habilidad para contar chistes y hacer comentarios inteligentes te hace parecer una persona lista y segura de ti misma, y como todos sabemos, la seguridad en una misma resulta sumamente seductora. Un buen sentido del humor te permite reírte de tus propias debilidades, buscarle la parte divertida a las situaciones embarazosas y encontrar la parte positiva de los contratiempos.

Pero ¿y si no eres una persona alegre? ¿Basta con simular que andas como un pato mareado o ponerte una peluca divertida? Pues más bien no. No es necesario ser un comediante que hace reír a cada minuto para tener *joie de vivre*. No se trata de hacer que la gente se parta de risa; la clave consiste es ser capaz de divertirse, ser optimista y buscar la parte positiva de todas las cosas. Una actitud alegre nos ayuda a ver la vida desde una perspectiva positiva y a afrontar los problemas con una esperanza y actitud renovadas. Y eso es contagioso.

Si has perdido tu alegría, prueba lo siguiente:

- Pasa algo de tiempo con los niños: ellos saben cómo divertirse.

- Disfruta de algún juego en el parque, visita un parque temático, organiza una fiesta divertida o algo por el estilo.

- Repasa tu última crisis. ¿Puedes encontrar algún aspecto divertido?

- Revisa fotos antiguas y observa los cortes de pelo que llevabas; seguro que te ponen una sonrisa en la cara (aunque también vale el corte de pelo de cualquier otra persona).

- Empieza a saborear los placeres de la vida. Prueba algún hobby nuevo, vete de compras o ponte en contacto con la naturaleza. Sal de tu rutina diaria en busca de diversión, alegrías y aventura. Rodéate de cosas bonitas y de tus amigos más divertidos.

- Disfruta del aire libre todo lo que puedas. Da paseos, mójate bajo la lluvia, ve a la playa a disfrutar de una tormenta en el mar, madruga para ver la salido del sol, da un paseo descalza, etcétera.

Sé tu propio terapeuta e intenta escribir o describir verbalmente con humor las situaciones más dolorosas o difíciles que hayas vivido (piensa en cualquier ruptura o despido laboral que hayas sufrido comparándolo con un accidente de tráfico o una operación a vida o muerte). Los expertos afirman que este es un buen método para exorcizar nuestros temores y ejercitar los músculos del optimismo.

¿Cuál es tu duda?:

P Me siento un poco decaída y se me nota. ¿Hay alguna forma de salir de esta situación?

R *No de forma inmediata, pero asistir a un espectáculo cómico puede servirte de ayuda. La risa es como un músculo: hay que ejercitarla. Alquila unas cuantas películas de risa y disfruta de los momentos divertidos. Ríe y llora. Considéralo como un* *ejercicio de personalidad. Busca libros de cómic, programas de televisión y películas que reflejen tu trauma personal.*

P ¿Cómo puedo tener más confianza en mí misma y estar más animada?

R *Simplemente ríe más, incluso aunque no te apetezca. Las caras sonrientes siempre resultan más atractivas que las serias. Recuerda que una sonrisa auténtica se refleja en los ojos, así que procura reírte de forma que se te entornen los ojos en lugar de sonreír de forma superficial.*

P Tengo que hacer una presentación muy importante y quiero tener el mejor aspecto posible. ¿Me podrías facilitar alguna sugerencia?

R *Revisa tus contestaciones. Unas cuantas palabras divertidas o unos chistes pueden conseguir que los demás sean más afables contigo, así que prepara tu propia colección de anécdotas y comentarios divertidos y utilízalos para salpicar tu discurso. Practica frente a un espejo hasta que te salga de forma natural y fluida.*

27

Adiós a la celulitis

¡Con ejercicios, cremas, tratamientos, alimentación, medias... de una forma u otra *conseguirás* vencer la celulitis.

La celulitis es un recordatorio de que la vida puede ser cruel. Nos afecta a casi el 85 por ciento de las mujeres, incluyendo a las modelos (¡vale, no siempre es tan cruel!).

Extrañamente, los hombres no padecen de celulitis. Cuando observan de cerca la carne desnuda, no parece importarles las pequeñas imperfecciones que puedan existir.

Pero esto no sirve de consuelo a los millones de mujeres que padecen celulitis. ¡La odiamos! Y es sumamente difícil de combatir.

La celulitis, en caso de que necesites una explicación, es esa piel llena de bultos y hoyuelos que nos sale en los glúteos, muslos, en el estómago e incluso en los brazos. A lo largo de los años, se han escrito columnas y columnas con teorías sobre qué podría ser la celulitis. Hoy en día se sabe por consenso que es grasa. La razón por la que los hombres no tienen celulitis es porque las células de grasa de las mujeres son diferentes; las fibras que mantienen la grasa en su sitio se distribuyen de forma horizontal en las mujeres y diagonalmente en los hombres, por lo que cuando las células de grasa de las mujeres se agrandan tienden a desplazarse hacia arriba y colocarse en la parte superior, como cuando se tamiza la mantequilla en una estopilla, de ahí su apariencia.

Existen innumerables razones por las que se produce, siendo el sobrepeso una de ellas. La retención de agua también influye, ya que las células de grasa tienen más fluidos que otros tipos de células. Por lo general, este es el resultado de una vida sedentaria que provoca que se ralenticen el sistema circulatorio y el sistema linfático de drenaje, lo que significa que la piel no consigue el suministro de sangre y oxígeno que necesita para nutrirse y además la retención de líquidos empeora los gránulos que se forman. Los malos hábitos, como el tabaquismo, el consumo excesivo de alcohol y una dieta pobre, pueden favorecer los daños causados por los radicales libres. Estos son unas fuerzas negativas destructivas que atacan al colágeno de nuestra piel y debilitan sus tejidos, lo que hace que pierda su elasticidad que es la que le confiere su carácter juvenil. Afortunadamente, existen unas cuantas reglas que puedes poner en práctica:

HAZ MÁS EJERCICIO

Las investigaciones demostraron que las mujeres que siguieron una dieta baja en grasas y realizaron ejercicios aeróbicos durante veinte minutos a la semana (incluidos algunos ejercicios de estiramiento) perdieron entre 3 y 5 kilos de peso (casi 5 cm en muslos). Además, el 70 por ciento de las mujeres comprobaron que su celulitis mejoró después de seis semanas gracias a los ejercicios de pesas que trabajaban las piernas.

Con la práctica de ejercicio se mejora la circulación y el sistema de drenaje linfático, y se desarrollan ciertos músculos que mejoran la piel, lo que contribuye a alisar las partes abultadas. Además, el hecho de practicar ejercicio (al menos entre veinte y treinta minutos de tres a cinco veces a la semana) ayuda a eliminar parte de la grasa que produce la celulitis.

Procura hacer al menos tres sesiones semanales de ejercicio aeróbico, como montar en bicicleta, correr, bailar, kickboxing o aeróbic. También haz ejercicios de resistencia y estiramientos porque es importante reforzar los músculos débiles; puedes hacer ejercicios con los brazos, las piernas y ejercicios de step (monta en bicicleta cuesta arriba, utiliza una máquina de step o corre en la cinta andadora con un poco de inclinación).

CUIDA TU DIETA

El hecho de perder unos cuantos kilos puede ayudarte a reducir la grasa que provoca la celulitis. Intenta tomar menos sal, que produce retención de líquidos, y menos grasas y dulces. Come mucha verdura y fruta, ya que son ricas en antioxidantes que ayudan a eliminar los radicales libres que dañan la piel y provocan arrugas y flacidez. Toma también en abundancia alimentos ricos es potasio como zanahorias, brócoli y sandia para equilibrar los niveles de líquido del organismo, y pescado que contiene ácidos grasos beneficiosos para la salud de la piel.

Procura beber dos litros de agua al día para mejorar tu circulación y reducir la retención de líquidos. Reduce la ingesta de alcohol y café, ya que ambos empeoran la circulación.

MIMA TU CUERPO

Existen muchos tratamientos para combatir la celulitis: algas, fajas corporales y masajes con máquinas. Todos se basan en mejorar la circulación de la piel, reducir la retención de líquidos y suavizar y mejorar la piel. Prueba estos tratamientos, pero no esperes milagros.

Se dice que la endermología es el único tratamiento de salón que ofrece resultados probados. Son necesarias unas diez sesiones y una cuenta bancaria saneada para obtener buenos resultados, pero merece la pena probarlo. Este tratamiento consiste en masajear en profundidad los tejidos mediante una máquina que se desplaza arriba y abajo sobre la celulitis para reducir las células de grasa y reafirmar la piel. Procede de Francia, donde se toman la celulitis muy en serio (¿has visto alguna vez a una francesa con celulitis?) y ha sido aprobado en Estados Unidos como tratamiento efectivo, aunque temporal, contra la celulitis.

Una opción más barata es cepillarse el cuerpo todos los días. El hecho de cepillarse el cuerpo mejora la circulación de la piel y el flujo linfático, lo que ayuda a combatir la retención de líquidos que engorda las células de grasa. También suaviza la piel porque actúa como exfoliante de la piel muerta que se acumula en la superficie.

Empieza por los pies y cepíllate todo el cuerpo con movimientos largos con un cepillo de fibras naturales (siempre en dirección al corazón). Lo ideal es hacerlo por la mañana y por la noche antes de darse una ducha o tomar un baño.

El aspecto de la celulitis empeora con la piel seca o deshidratada, por lo que el hecho de hidratar la piel puede contribuir a mejorarlo. Prueba con cremas de belleza anticelulíticas, que hidratarán tu piel y mejorarán su textura; algunas contienen ingredientes que mejoran la circulación, reducen la retención de líquidos y favorecen la producción de colágeno. De nuevo, utilízalas en combinación con una dieta baja en grasa y practica ejercicio de manera regular. Los milagros no se venden en frascos aún.

¿Cuál es tu duda?:

P   ¿Puedes recomendarme algún ejercicio para los muslos y glúteos?

R   *Prueba el ejercicio del burro. Ponte a cuatro patas, con las manos bajo los hombros y las rodillas alineadas con las caderas. Déjate caer sobre los antebrazos, manteniendo la espalda derecha y los músculos del estómago tensos. Levanta la pierna izquierda doblándola un poco para que la parte superior de la pierna esté horizontal. Mantén el pie doblado, vuelve a poner la pierna en el suelo y repite el movimiento entre diez y veinte veces con la misma pierna. Después levanta la pierna derecha y realiza el mismo ejercicio. Haz tres sesiones con cada pierna.*

P   He oído hablar de medias que devoran la celulitis. ¿Existen de verdad?

R   *No sé nada sobre la parte devoradora, pero sí existen medias sin costuras diseñadas para esculpir y definir las caderas y glúteos gracias a su efecto de compresión y "mi-*

cro masaje". En un estudio realizado, las mujeres que utilizaron LipoShape (www.liposhape.co.uk) durante doce horas al día ocho semanas consecutivas redujeron hasta 7 cm de caderas, 3 cm de muslos y otros 3 de glúteos.

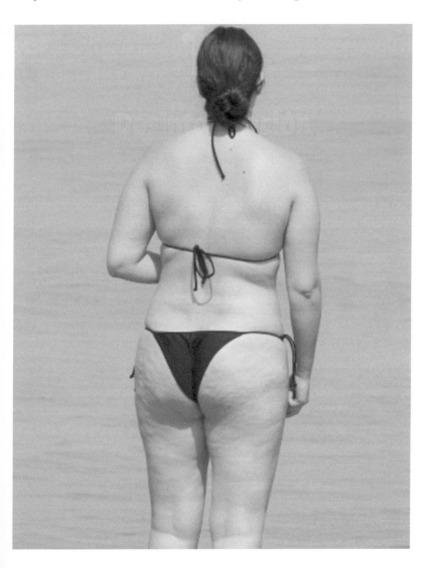

28

Una buena base

Una piel bonita puede deberse a factores como la juventud, una buena salud, meticulosos cuidados, grandes genes o a una combinación de todos ellos. Si no estás sobrada de ninguno de estos aspectos, seguramente querrás saber cómo conseguirlos en un frasco.

Un mostrador de belleza es como una cueva de Aladino o un cajón de braguitas: está repleto de cosas bonitas pero solo te interesa encontrar algún artículo que obre milagros.

Todo el mundo sabe que para tener una buena piel hay que beber grandes cantidades de agua, dormir mucho y seguir una dieta saludable rica en fruta y verdura. Pero si tienes poco tiempo y no has sido una santa, querrás obtener resultados de forma inmediata. La clave, como todos sabemos, es parecer natural, pero no demasiado.

Afortunadamente, hoy en día las bases de maquillaje contienen todo tipo de siliconas y pigmentos que difuminan y disimulan las imperfecciones y hacen la piel más radiante. También se les han añadido estupendas pantallas solares y vitaminas que protegen la piel del sol. Además existen fórmulas que ayudan a unificar el tono de la piel.

CÓMO CONSEGUIR EL ASPECTO "SIN MAQUILLAJE"

Ya han pasado los días en que se llevaba el maquillaje estilo Barbara Cartland: paladas de maquillaje sobre la cara que se mostraba con orgullo. De hecho, hoy en día los expertos aconsejan que se utilice base de maquillaje solo donde sea necesario, es decir en la normalmente grasienta zona T (frente, nariz y barbilla) y bajo los ojos. Si no te aplicas base en todas las zonas de la cara, asegúrate de mezclarla cuidadosamente con la piel, sobre todo en la zona alrededor de las fosas nasales, a los lados de la nariz y en los extremos de los ojos. Los esteticistas recomiendan fórmulas sin aceite o mates para las pieles grasas, bases hidratantes para las pieles secas y fórmulas en barra o compactas para las pieles mixtas.

Si quieres disimular las venas rotas de tu piel, utiliza un maquillaje un poco más claro que tu tono de piel y después aplica polvos. No olvides aplicarte el maquillaje encima de la base y no al contrario, para no estropearlo. Si tienes arrugas o granitos, te recomiendo que no utilices bases mates densas, ya que una base diáfana te favorecerá más. Si tienes propensión a padecer de acné, evita las bases compactas que se aplican con esponja, ya que estas favorecen el desarrollo de bacterias que empeoran los granos. Recuerda que no siempre debes abusar de la base, simplemente aplícate el poquito de base que queda seco en el tapón para tapar las manchas.

LOS PASOS DEL MAQUILLAJE

Empieza por hidratarte bien la piel y espera unos minutos para que la crema penetre bien. Aplícate ahora la crema para ojos si es que vas a usarla. La base de maquillaje a veces se amontona bajo los ojos, lo que envejece tu aspecto.

Vierte una gota de base del tamaño de una moneda pequeña sobre la palma de tu mano y repártela por la frente, nariz, mejillas y barbilla. Con lo dedos o con una esponja, extiéndetela suavemente hacia la parte exterior de la cara. No olvides extenderla también por la zona de los párpados, ya que sirve como base para la sombra de ojos. El objetivo es que no se note el corte de la base de maquillaje en el nacimiento del pelo y en la zona de la mandíbula. Si te has aplicado demasiado, retira el exceso con una esponja limpia húmeda. Aplícate la base siempre con suficiente luz y procura extenderla bien.

Después hay que disimular las manchas de la piel, los granitos y las líneas bajo los ojos. Extiéndete bien el producto que utilices para ello con la punta de los dedos o con una pequeña brocha.

Luego "fija" la base aplicándote polvos con una brocha por la zona T (si utilizas una base que difumine la luz no será necesario que lo hagas ya que tu objetivo es conseguir un aspecto húmero y no mate). Procura que el polvo no se te acumule en exceso en la cara; nunca te apliques polvos bajo los ojos porque acentúa las líneas finas. No utilices nunca bases gruesas porque envejecen.

Aplícate colorete en las mejillas. Para encontrar las manzanas de las mejillas, absorbe y sonríe.

Si no quieres que se note que vas maquillada, asegúrate de aplicarte mucha máscara de pestañas para que tus ojos no "desaparezcan". Utiliza máscara marrón o negra y un perfilador del mismo color para definir tus ojos.

¿Cuál es tu duda?:

P ¿Cómo puedo saber qué base de maquillaje debo utilizar para mi tono de piel?

R *Cuando compres la base, prueba varios tonos aplicándote un poco en la zona de la mandíbula y observando el efecto con luz natural (tienes que salir de la tienda). También puedes sostener el bote junto a tu mandíbula y colocarte junto a una ventana. Cuando es el tono adecuado, es como si el color "desapareciese".*

P ¿Cuál es la mejor forma de aplicarse la base?

R *Los expertos dicen que lo más fácil es hacerlo con la yema de los dedos, pero de esta forma puede que se te vaya la mano, sobre todo si te estás maquillando con una luz inapropiada. Es mejor utilizar una esponja de maquillaje húmeda para conseguir un aspecto natural y sedoso.*

P   Tengo la piel oscura y sin un poco de color tiene un aspecto cetrino. ¿Cómo puedo darle brillo?

R   *Las pieles color aceituna son muy bonitas cuando están bronceadas, así que lo mejor en este caso es utilizar un autobronceador. En lo que se refiere al maquillaje, utilízalos con una base amarilla o dorada en lugar de rosada porque estas últimas te pueden conferir un tono grisáceo y apagado. Si quieres tener un aspecto natural, utiliza tonos bronce. A las pieles pálidas les favorecen más los reflejos pálidos estilo "oro viejo".*

29

El poder
de la aromaterapia

No hay nada que pueda calmarte y animarte más y hacerte sentir mejor que las esencias. Pero ¿qué aroma debes utilizar en cada momento?

Al entrar en un balneario podemos disfrutar de toda una sinfonía de olores, que nos hacen sentir más calmadas, más equilibradas y más bellas incluso antes de desvestirnos y tumbarnos en la camilla para recibir el tratamiento.

Los olores pueden ser acogedores, rejuvenecedores y reequilibrantes. Esto puede explicar por qué un masaje con aromaterapia al final de un día duro resulta tan sumamente placentero. Afortunadamente, incluso aunque no cuentes con los servicios de un masajista, puedes disfrutar del gozoso poder de la aromaterapia en tu propio tocador. Solo necesitas unas velas y unos cuantos aceites esenciales.

La aromaterapia es una técnica muy antigua que se basa en el uso de aceites extraídos de las plantas para mejorar la salud y el bienestar. Los aceites esenciales tienen diversas propiedades terapéuticas y se utilizan para tratar tanto aspectos físicos como síquicos, desde la migraña hasta el estrés, el insomnio y el acné. La aromaterapia es útil incluso a la hora de dar a luz; yo gasté un bote entero de lavanda durante el parto, ¡y ahora cada vez que la huelo no puedo evitar doblarme por la mitad y emitir un quejido!

Cada aroma que hueles envía mensajes al cerebro y este responde liberando sustancias químicas que relajan o estimulan el cuerpo (en mi caso, creo que el mensaje era "ya está bien con esta tontería hippy, pero ponme la epidural ahora mismo"; por desgracia, el mensaje fue ignorado).

Cuando se usa de forma tópica, durante un masaje o un baño con aromaterapia, las moléculas de los aceites esenciales se introducen en la piel, pasan al sistema circulatorio del organismo y llegan a las zonas donde es necesaria su actuación. Algunos aceites son muy efectivos y muchos de ellos no deben utilizarse durante el embarazo, si sufres epilepsia o tienes alta la presión sanguínea.

Una buena idea

Cuando te vayas de vacaciones no olvides llevar en la maleta un poco de aceite de limón. Es estupendo para combatir el *jet lag,* tonifica la piel, puede utilizarse como repelente para insectos y es un desodorante natural muy efectivo. Además, es estimulante y vivificante.

CÓMO UTILIZAR LOS ACEITES

Vierte una o dos gotas sobre un pañuelo y huélelo.

Enciende velas de aromaterapia o quema los aceites esenciales en un quemador o en un anillo para bombillas.

Disfruta de un baño con aromaterapia. Bastan cuatro, cinco o seis gotas, pero añade un poco de leche o una pizca de vodka al agua para que el aceite se disperse (el uso de los aceites directamente sobre la piel puede irritarla y algunos pueden tener contraindicaciones).

Prueba a inhalarlo. Añade un par de gotas en un cuenco de agua hirviendo, cúbrete la cabeza con una toalla y respira los vapores durante unos cuantos minutos.

Date un masaje por todo el cuerpo (tú misma u otra persona). Necesitas unas seis gotas de aceite esencial mezcladas con cuatro cucharillas (unos 20 ml) de aceite de pomelo, de almendra dulce, de soja, hueso de melocotón o de albaricoque.

ACEITES QUE MEJORAN TU ASPECTO INTERIOR Y EXTERIOR

Una gran piel

Si tienes la piel seca, añade al agua del baño madera de cedro, rosa, geranio o madera de sándalo. También puedes probar el método de inhalación con estos aceites. La camomila y el palisandro son apropiados para las pieles sensibles. Para calmar las quemaduras producidas por el sol, añade al agua del baño unas cuantas gotas de jazmín, lavanda, rosa o geranio.

Dormir más

Para relajarte y dormir mejor utiliza ciprés, jazmín, lavanda, arrayán, rosa e ylang ylang. Añade unas cuantas gotas al agua del baño o quémalos en el dormitorio antes de acostarte (no olvides apagarlos antes de dormirte).

Combatir la resaca

Cuando te has pasado con la bebida, tu aspecto físico es igual de malo que cómo te sientes. Puedes mejorar tu estado con aceites esenciales como el de geranio, lavanda, rosa, jengibre o lima. Añádelos al agua del baño, quémalos en un quemador o utilízalos en una compresa de la siguiente forma: agrega unas cuantas gotas en un cuenco con agua caliente, moja una toalla en la mezcla y colócala sobre tu pobre frente martilleada.

Un pelo bonito

Puedes controlar el pelo grasiento con un preparado de aromaterapia que regula la producción de aceite del pelo. Los aceites adecuados para ello son el de limón, el del árbol de té y ciprés. Añade una gota a un aceite hidratante, aplícatelo al pelo con un masaje y aclara. Para rehidratar el pelo seco, añade una o dos gotas de camomila, lavanda o romero a un aceite hidratante y aplícatelo al pelo con un masaje. Déjalo actuar durante toda la noche y aclárate por la mañana.

¿Cuál es tu duda?:

P Tengo mal la piel. ¿Puedes recomendarme algún aceite que me vaya bien?

R *El aceite del árbol de té tiene grandes propiedades antisépticas y antibióticas. Proviene de un árbol australiano y los aborígenes lo han utilizado durante siglos para tratar las heridas. Es uno de los pocos aceites esenciales que pueden usarse puros. Tenlo siempre a mano en tu neceser y aplícatelo con el dedo limpio o con un algodón cuando te salga un grano.*

P ¿Hay algún aceite apropiado para tratar la temida celulitis?

R *Sí lo hay. La madera de cedro estimula el drenaje linfático, lo que es beneficioso para combatir la retención de líquidos. También se dice que estimula la descomposición de la grasa. El ciprés también es un buen regulador de los fluidos, y el geranio mejora la circulación. Añade unas cuantas gotas al agua del baño o mezcla unas gotas con un aceite hidratante y aplícatelo con un masaje en caderas y muslos.*

P ¿Sirve la aromaterapia para perder peso?

R *Depende. Si has comido demasiado porque te sientes estresada, el hecho de inhalar un aceite con propiedades relajantes, como lavanda o milenrama, puede ayudarte a tranquilizarte y relajarte. Algunos aceites producen efectos de supresión del apetito; prueba a inhalarlos cuando sientas la tentación de acabar con el bote de las galletas. La El pomelo es estimulante y vivificante, así que gracias a él puede que te sientas con fuerza para realizar unos cuantos ejercicios físicos en lugar de dedicarte a comer.*

30

Pon a tono tu pecho

¡Por desgracia, la mitad de las mujeres odian sus pechos, aunque a la mayoría de los hombres (heterosexuales) les encantan. Bien sean demasiado pequeños, demasiado grandes o estén en franca decadencia, existen muchas formas de mejorar estas estadísticas.

Aunque por lo general los hombres consideran los pechos como una maravilla que hay que contemplar, en realidad básicamente son simples globos de tejido grasiento, glándulas mamarias y músculos.

Los ligamentos que los mantienen en su sitio no son demasiado fuertes, motivo por el cual las mujeres viven con el temor de que se caigan. Si no utilizas un sujetador que sostenga bien tus pechos, los ligamentos están permanentemente en tensión; el 85 por ciento de las mujeres utilizamos sujetadores de la talla inadecuada. Los embarazos, dar el pecho, la edad, la gravedad y hacer mucho ejercicio con un sujetador inadecuado también tiene efectos negativos y produce la temida "caída" de los pechos.

La cuestión es que la forma del pecho solo puede cambiarse mediante cirugía, pero el hecho de adoptar buenas posturas y realizar ejercicios de reforzamiento mejora la espalda y los músculos del pecho, lo que realza toda la zona considerablemente. Prueba lo siguiente:

LEVANTAR EL PECHO
Abdominales

Este se considera el mejor ejercicio para reafirmar el pecho.

Colócate sobre las manos y las rodillas y separa las manos un poco más allá de la altura de las caderas, siempre alineadas con los hombros. Manteniendo los muslos sobre las rodillas apoyadas en el suelo, baja el pecho de forma que los codos se abran ligeramente hacia los lados y después sube despacio sin bloquearlos. Mantén el estómago duro hacia dentro y no curves la espalda. Cuanto más separes las manos más trabajarás el pecho.

Procura hacer tres series de diez a quince abdominales tres veces a la semana. Intenta hacer abdominales completas cuando hayas dominado estas modificadas.

Pesas

Túmbate de espaldas, con las manos sobre la cabeza sosteniendo unas pesas de entre 2,25 y 4,5 kilos. Con los codos doblados y los brazos separados a la altura de los hombros (a ambos lados de la cabeza), levanta lentamente las pesas sobre la cabeza hacia el estómago y vuelve a la posición original.

Haz tres series de entre doce y dieciséis repeticiones tres veces a la semana.

Una buena idea

Conoce tus pechos. Mientras te duchas, dedica un momento a explorarte el pecho y las axilas de arriba abajo. Busca bultos o zonas duras pasándote los dedos hacia arriba y hacia abajo o presionando suavemente con movimientos circulares.

Estiramientos de espalda

Los estiramientos de la espalda contribuyen a sostener el pecho en su sitio y a mejorar la postura.

Después de cara serie de abdominales, túmbate boca abajo en el suelo, levanta a la vez un brazo y la pierna contraria recta y aguanta mientras cuentas hasta diez. Realiza este ejercicio dos veces con cada pierna. Las extensiones de la espalda refuerzan los músculos tanto de la parte superior como de la inferior de la espalda, lo que contribuirá a mejorar tu postura.

Nadar a crol

¿Te gusta nadar? La natación a crol contribuye a realzar el pecho y refuerza la espalda.

EMBELLECER EL PECHO

Un busto suave

El escote, toda la zona que hay bajo tu cara (el cuello, los hombros y el pecho), es una de las partes más susceptibles de verse dañada por el sol. Un busto con aspecto de crepe puede sumar muchos años a tu apariencia, así que cuídalo.

Lávate esta zona con el jabón para la cara, ya que es más suave que los geles corporales y no eliminará los aceites de la piel que la mantienen joven.

No olvides aplicarte a la zona un protector solar de factor 15 cuando tomes el sol.

Con frecuencia salen granitos en esta zona debido al sudor que se acumula bajo la ropa. Cualquier producto que contenga ácido salicílico sirve para tratar los granitos, pero también puedes aplicarte directamente un poco de aceite de té para que se sequen más rápidamente.

Si quieres disimular los granitos, lo más probable es que el maquillaje que utilices para la cara sea demasiado claro, así que prueba con un tono más oscuro.

Por lo general, solemos descuidar la piel de la zona del pecho; aplícate una hidratante en esta zona para que la piel esté más suave y firme.

Las cremas reafirmantes del pecho producen el mismo efecto que las cremas hidratantes y además suelen contener ingredientes que reafirman temporalmente la zona, pero el efecto es justo así: temporal.

Realzarlo

Los bronceadores con partículas que reflejan la luz realzan significativamente el pecho: hacen que los pechos "salten" y les confieren una curvatura juvenil. Aplícate el bronceador en los pechos con una brocha y un poco entre ellos.

También puedes realzar un busto pequeño con:

- cuellos altos
- jerseys de cuello cisne y jerseys de punto grandes
- camisetas sin mangas y camisetas de cuello alto con mangas cortadas
- bisutería que atraiga la atención hacia el pecho (las gargantillas disimulan los pechos planos)
- camisetas bonitas, vestidos de tirantes y camisolas

Disimularlo

Utiliza:

- cuellos en V (dividen y alargan el torso)
- cuellos redondos y chaquetas de lana envolventes
- colores oscuros y telas mate para la parte superior del cuerpo
- camisas sastre
- chaquetas redondeadas cortadas en la cintura
- vestidos de lana

Asegúrate de utilizar un sujetador que te favorezca: si la parte de atrás se te sube, es que necesitas una talla menos de contorno; si el aro se te clava en la axila, es que las copas son demasiado pequeñas; si los tirantes te dejan excesiva marca, necesitas uno de contorno más pequeño y copas más grandes; si se te sale el pecho por debajo de los aros, es que necesitas una talla más de copa.

La frase

"Sin corsé, su acogedor pecho promete felicidad neumática".

T. S. ELIOT

¿Cuál es tu duda?:

P ¿Cómo se mide la talla de pecho?

R *Primero mide justo por debajo del pecho y después mide la parte más abultada del mismo. Si sale un número par, añade 10 cm para averiguar tu talla de pecho; si sale un número impar, añade 13 cm para averiguar tu talla de sujetador. La talla de la copa se obtiene con la diferencia entre la medida de tus pechos y la talla de sujetador. Si obtienes la misma talla, es que tienes una copa A; si es 2,5 cm más grande, es la copa B; y si es 5 cm más grande, se trata de la copa C. En otras palabras, por cada dos centímetros y medio más se sube una talla de copa. De todas formas, procura que te mida un profesional y utiliza estas explicaciones como mera guía.*

P ¿Hay alguna terapia no quirúrgica que funcione de verdad?

R *Prueba con la hipnoterapia, de la que se dice que "enciende" el proceso de crecimiento y estimula el flujo de sangre y hormonas de crecimiento hacia los pechos. Algunos estudios científicos han demostrado que la hipnoterapia puede aumentar el tamaño de los pechos hasta en casi 5 centímetros. Los realzadores de silicona para el pecho se adaptan al sujetador y, aunque parecen filetes de pollo, realzan el busto.*

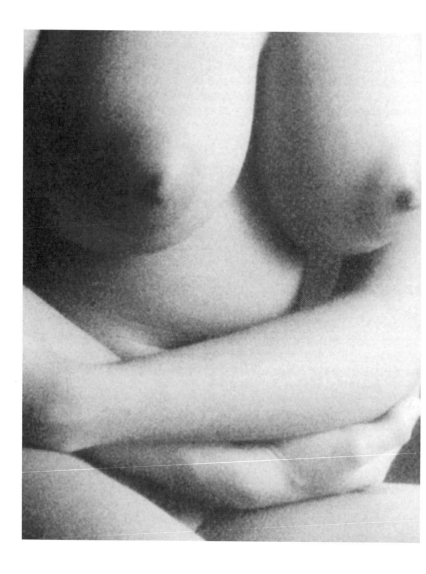

31.

Alimenta tu cara

Cuando se trata de cuidar la piel, una buena dieta resulta mucho más valiosa que el maquillaje. A continuación encontrarás una guía sobre lo que debes comer hoy para tener una piel estupenda y con menos problemas mañana.

Los expertos afirman que una buena dieta contribuye a combatir ciertas condiciones de la piel. Por ejemplo, el pescado graso alivia los síntomas de la soriasis, y los científicos también han encontrado una conexión entre los carbohidratos refinados y el acné. También la fruta y la verdura de colores fuertes reducen el daño causado por el sol.

Eres perfectamente consciente de que el hecho de tomar en exceso comida basura pasa factura en tu cara. Trata de recordar la última noche de ocio que has disfrutado. Quizá tomaste un par de cocktails y una botella de vino, además de alguna comida grasienta, salada y repleta de aditivos. ¿Cómo estaba tu piel al día siguiente? ¿Pálida, apagada y gris? La buena noticia es que puedes mejorar drásticamente tu piel en unos cuantos días simplemente reduciendo la cantidad de comida basura que tomas y aumentando la ingesta de alimentos beneficiosos para la piel.

Entonces, ¿qué debemos comer? Pues los ácidos grasos omega-3, presentes en el pescado por ejemplo, ejercen una acción anti-inflamatoria y mejoran la elasticidad y tersura de la piel. La fruta y la verdura son ricos en antioxidantes que ayudan a combatir los radicales libres producidos por la contaminación, el sol y el consumo de cigarrillos que provocan la aparición de arrugas. Los radicales libres no solo causan cáncer y enfermedades del corazón, si no que también son perjudiciales para la piel porque dañan las membranas de las células y los tejidos conectivos

que las rodean. Algunos alimentos mejoran la circulación, entre ellos la cebolla, el ajo, los frutos secos, las semillas de calabaza y el pescado. Cuando la sangre circula correctamente, las células (incluidas las células de la piel) obtienen un suministro regular de nutrientes y oxígeno.

Una buena idea

El pachulí es un aceite esencial beneficioso para la piel porque fomenta la creación de nuevas células epiteliales. Añade unas cuantas gotas al agua del baño o mezcla tres gotas con 10 ml de aceite hidratante, como por ejemplo aceite de almendra dulce, y aplícatelo mediante un masaje.

ALIMENTOS BENEFICIOSOS PARA LA PIEL

Pescado. Los pescados grasos como las sardinas, la caballa y el salmón son ricos en ácidos grasos.

Pavo. Constituye una fuente importante de proteínas magras, imprescindible para fabricar colágeno. También contiene un aminoácido denominado carnosina, que previene las arrugas.

Frutos secos. Repletos de ácidos grasos omega-3, que controlan los lípidos y grasas del organismo que mantienen la piel suave y tersa. También aportan gran cantidad de vitamina E, muy beneficiosa para la piel. Las nueces del Brasil contienen el antioxidante selenio, que ayuda a combatir los radicales libres.

Espinacas. Especialmente ricas en vitamina K, beneficiosa para la circulación sanguínea, lo que asegura que todas las células reciban los nutrientes y oxígeno necesarios. También son ricas en antioxidantes.

Bayas. Repletas de antioxidantes.

Cítricos. Ricos en vitamina C, que ayuda a mantener la estructura del colágeno y contribuye a reparar las grietas y abrasiones.

Aguacate. Rico en vitamina E y grasas monoinsaturadas beneficiosas.

Patatas dulces. Ricas en vitaminas C y E, que combaten los radicales libres y previenen el efecto perjudicial del sol.

Pipas de calabaza. Repletas de ácidos grasos omega-3. También constituyen una buena fuente de vitamina C, beneficiosa para la firmeza de la piel.

Verduras cruciformes. El brócoli, la coliflor, la col, etcétera son ricos en antioxidantes y fibra, beneficiosos para el buen funcionamiento del sistema digestivo y para estimular el hígado, que contribuye a eliminar los desechos y las toxinas del organismo. Cuando se reduce la carga tóxica, la piel adquiere un mejor aspecto.

Kiwi. Rico en vitamina C, que favorece la formación de colágeno y fortalece los capilares. También contiene mucho beta-caroteno, que combate los radicales libres que dañan las células.

Agua. Al menos ocho vasos al día. Contribuye a metabolizar la grasa, reduce la hinchazón y ayuda al organismo a eliminar los desechos de las células.

LOS MALOS

Pasteles, galletas, pan blanco, etcétera. Los estudios muestran una estrecha relación entre la elevada ingesta de carbohidratos refinados altos en calorías y el acné. Estos alimentos también favorecen la hinchazón y deshidratación de la piel y la hacen más sensible a las reacciones alérgicas.

Alimentos dulces. Pueden aumentar el nivel de azúcar en sangre, lo que interfiere en el funcionamiento de la hormona insulina y hace que haya un exceso de glucosa en el organismo. Esto provoca que las fibras de colágeno se apelmacen, lo que resulta en la pérdida de firmeza y aparición de arrugas.

Alimentos salados. La sal provoca la retención de los líquidos, lo que te hace parecer hinchada y tener bolsas bajo los ojos.

Café. Puede deshidratar el cuerpo, favoreciendo la aparición de círculos oscuros en la piel e hinchazón.

Alcohol. Puede aumentar el número de radicales libres en el organismo y deshidratar la piel.

¿Cuál es tu duda?:

P ¿Qué es eso de que algunos alimentos favorecen el acné?

R *Según los científicos hay alimentos que reducen la inflamación y contribuyen a combatir algunas condiciones de la piel como el acné, la soriasis o el eczema. Los alimentos con un IG (índice glicaémico) bajo son beneficiosos para la piel, es decir, los alimentos que proporcionan un aporte energético duradero (como los fideos y las manzanas) en lugar de a corto plazo. El cinc es un anti-inflamatorio natural que combate el acné y está presente en el marisco, frutos secos y semillas; prueba a echar un poco de semillas de lino sobre los cereales en el desayuno. Intenta comer hígado si puedes soportarlo, ya que es rico en vitamina A y ayuda a tratar las cicatrices producidas por el acné.*

P Algunos de estos alimentos tienen un alto contenido en grasas, ¿no es así?

R *Hay grasas buenas y malas. Las malas los son ácidos trans-grasos y las grasas saturadas, presentes en las galletas, pasteles, productos cárnicos y pastas. Elevan los niveles de lipoproteínas de baja densidad en la sangre, lo que es perjudicial para el corazón, y puede reducir el aporte sanguíneo a las células. Las grasas buenas están presentes en el pescado y en los frutos secos y contribuyen a reafirmar la piel. Procura tomar dos o tres raciones de pescado graso a la semana y no temas comer frutos secos, ricos en proteínas, fibra, vitamina E y magnesio, que contribuyen a saciarte y a mantener tu peso.*

32

Una buena postura

La postura que adoptes puede hacerte parecer más alta, delgada y segura de ti misma. Los hombros atrás ahora mismo, señoras.

Hace tiempo, para mejorar la postura del cuerpo las mujeres simplemente se paseaban por la habitación sosteniendo unos cuantos libros sobre la cabeza. Hoy en día para corregir la postura se utilizan ejercicios más atléticos.

La clave para conseguir una buena postura es estabilizar el núcleo del cuerpo, los músculos que se extienden alrededor del cuerpo: tu corsé natural si lo prefieres. El método Pilates es la última disciplina en lo referente a conseguir un estómago plano y a mejorar la postura del cuerpo ya que se basa en reafirmar precisamente esos músculos. Pilates también puede ayudar a estimular la libido, ya que el hecho de reforzar los abdominales, la espalda y la zona pélvica mejora la función y respuesta sexual.

Prueba el método "cerrar y curvar" de Pilates, una forma fácil pero efectiva de mejorar la postura. Cada vez que cierres la cremallera o los botones de tus pantalones, tensa los músculos del suelo pélvico a la vez que curvas los abdominales inferiores hacia atrás, hacia la espina dorsal. De esta forma se trabaja la capa más profunda de los músculos abdominales. En realidad, puedes realizar este ejercicio en cualquier sitio y es incluso más efectivo que los ejercicios de agacharse y levantarse para reafirmar el estómago.

MANTENTE ERGUIDA

Imagínate que tienes una cuerda atada al centro de la cabeza que la mantiene bien erguida. Ya estés andando, sentada o de pie, mantente erguida y "siente" cómo la cuerda tira suavemente de tu cabeza mientras metes el estómago.

Relaja los hombros dejándolos caer sobre la espalda y, cuando los sientas tirantes, levántalos hacia las orejas, apretándolos hacia arriba y hacia dentro tan fuerte como puedas, como si te estuvieses encogiendo de hombros de forma exagerada; después déjalos caer y siente cómo se relaja la tensión. Intenta juntar los extremos de los hombros detrás de ti; es un buen método para mantener los hombros hacia atrás.

Mantén la pelvis lo más neutral posible y la cintura estirada: no dejes que las costillas "caigan" sobre tus caderas.

Cuando estés de pie, asegúrate de relajar las rodillas. Si bloqueas las piernas, acabarás por curvar la espalda y el resto del cuerpo perderá la vertical. Procura también repartir el peso por igual sobre cada pie. Si apoyas más peso sobre uno de los pies o colocas un pie torcido hacia fuera, parecerá que estás torcida.

Mantén la barbilla paralela al suelo.

SIÉNTATE RECTA

Siéntate pegada al respaldo de la silla y deja caer el cuerpo completamente. Estírate hacia arriba y acentúa la curva de la espalda todo lo que puedas. Mantén la posición durante unos segundos y después relaja la postura ligeramente (unos diez grados). Esta es la forma correcta de estar sentada.

Asegúrate de tener la espalda recta y los hombros hacia atrás. Los glúteos deben estar pegados al respaldo de la silla. Puedes utilizar una pequeña toalla enrollada o un cojín lumbar para ayudarte a mantener la curva natural de la espalda.

Distribuye por igual el peso corporal sobre las dos caderas.

Dobla las rodillas en ángulo recto, manteniéndolas ligeramente más altas que las caderas. Mantén los pies sobre el suelo; si es necesario, puedes utilizar un apoya-pies o una pequeña banqueta.

No cruces nunca las piernas.

Procura no permanecer sentada en la misma postura durante más de treinta minutos.

En el trabajo, adapta la altura de la silla a la altura de la mesa de trabajo para que puedas sentarte cerca de la pantalla del ordenador y oriéntala hacia ti. Apoya los codos y los brazos sobre la silla o la mesa, asegurándote de que los hombros están relajados.

TRABAJA ESOS ABDOMINALES

Colócate sobre las manos y las rodillas. Mientras expulsas el aire, levanta el brazo derecho y la pierna izquierda hasta la altura del torso. Mantén las caderas rectas y mira hacia abajo para que el cuello esté alineado. Contrae los abdominales, pero sin meter la pelvis ni arquear la espalda. Tensa hacia dentro los músculos del suelo pélvico y mete el ombligo hacia la columna vertebral. Vuelve lentamente a la posición inicial y repite con la otra pierna y brazo. Haz dos series de ocho repeticiones con cada lado.

La frase

"Disfrutar de la vida es el mejor cosmético para las mujeres".

ROSALIND RUSSELL, actriz

¿Cuál es tu duda?:

P Me paso el día sentada delante de una mesa y sé que no adopto una buena postura. ¿Cómo puedo mejorar la postura de trabajo?

R *La mayoría nos pasamos horas y horas seguidas sin movernos, lo que supone un esfuerzo para nuestra columna y nos hace curvarnos. Hasta los trabajos en los que hay que permanecer de pie pueden afectar negativamente a nuestra postura. Asegúrate de que adoptas una postura ergonómica adecuada mientras trabajas. Levántate cada veinte minutos para estirarte y cambiar de postura. Alarga los brazos como si te estuvieses estirando y déjate caer recta hacia atrás. Mueve las manos todo lo apartadas del cuerpo que puedas y mantén esta posición todo el tiempo que puedas. Repite este ejercicio cada veinte minutos más o menos.*

P ¿Cuál es la mejor postura para conducir? Me paso mucho tiempo al volante todos los días

R *Asegúrate de tener la parte inferior de la espalda apoyada y pega siempre las nalgas al respaldo del asiento. Coloca el asiento cerca del volante para poder mantener la curvatura natural de la espalda. Si es necesario, utiliza algún soporte para la espalda, como por ejemplo una toalla enrollada. El asiento debe estar lo suficientemente cerca como para permitirte doblar las rodillas cuando tienes que pisar los pedales. Cuando estés en posición de descanso, debes tener las rodillas al mismo nivel o más altas que las caderas.*

33

El sentido del olfato

El olfato evoca recuerdos más que ningún otro sentido. Si los utilizas correctamente, los aromas pueden hacerte sentir más feliz, más tranquila y más atractiva.

Un perfume puede ser increíblemente evocador (y provocativo). ¿No te ha pasado alguna vez que al oler algo te has encontrado rememorando el pasado para encontrar el recuerdo asociado a ese aroma?

Esto se debe a que nuestra "memoria de olores" se encuentra en el sistema límbico del cerebro, el área que controla nuestra respuesta sexual y emocional y otros apetitos como el hambre y la sed. A continuación puedes encontrar los motivos por los que realmente necesitamos usar fragancias.

LOS OLORES PUEDEN ALTERAR TU ESTADO DE ÁNIMO

Los expertos mantienen que las fragancias afectan a ocho estados de ánimo. Los olores agradables ejercen un efecto positivo sobre el estrés, la apatía y los sentimientos de irritación y depresión, y también acentúan los sentimientos positivos como la felicidad, la relajación, la estimulación y la sensualidad. La lavanda, por ejemplo, ayuda a calmar. La menta, por su parte, puede estimularnos y favorecer la energía mental. Algunos estudios han demostrado que la vainilla calma y alivia a los enfermos sometidos a pruebas médicas.

LOS OLORES PUEDEN AYUDARTE A TRIUNFAR

El perfume no debe considerarse como un mero accesorio de la moda o un afrodisíaco (aunque eso es lo que pretendemos). Los olores agradables favorecen la creatividad, hacen que la gente sea más servicial y fomentan el pensamiento lógico y la búsqueda de soluciones. Por lo tanto ¡es imprescindible utilizar algún perfume para ir a trabajar!

LOS OLORES PUEDEN ANIMARTE

Entonces, ¿qué tienen esas fragancias tan sensuales, del tipo "ven y úsame"? Pues muchos de los aromas más seductores incluyen tuberosa, que es relajante, sensual y de la que se dice que aumenta la felicidad. Otro compuesto muy extendido es el jacinto, del que se ha descubierto que ayuda a eliminar los estados de ánimo negativos y a incrementar la felicidad, la sensualidad, la relajación y la estimulación.

Otros olores "calientes" son el jazmín, el ylang ylang, el pachulí, el sándalo, la rosa, el cardamomo, el cedro, la canela y la salvia clarea. Todos son bien conocidos por sus cualidades afrodisíacas, por lo que no es de extrañar que los creadores de perfumes desarrollen siempre maravillosos productos utilizando estos ingredientes.

LOS OLORES PUEDEN HACERTE MÁS ATRACTIVA

Los expertos en fragancias saben desde hace tiempo que la atracción sexual está vinculada a la respuesta de las personas hacia las feromonas de los demás. De hecho, podemos juzgar a los demás en cuestión de segundos basándonos en un olor.

En una encuesta realizada, el 51 por ciento de las personas reconocieron que utilizaban perfumes para resultar más atractivos al sexo contrario. Las mujeres son especialmente susceptibles al poder de los olores; además, durante la primera mitad de nuestro ciclo menstrual nuestro sentido del olfato está más agudizado debido a la actividad hormonal, y alcanza su punto máximo durante la ovulación, cuando somos más fértiles.

LOS OLORES PUEDEN HACER IRRESISTIBLES A LOS HOMBRES

Algunas mujeres se sienten más atraídas por el olor "al natural". Pero si quieres persuadir a tu pareja para que utilice más aftershave, dile que las fragancias masculinas aumentan el deseo sexual de las mujeres. En un estudio realizado, las mujeres que olieron una colonia para hombres muy conocida mientras fantaseaban con una experiencia erótica placentera dijeron que habían experimentado un mayor aumento de su deseo sexual que cuando se les expuso a una colona para mujeres o a ningún olor concreto. ¡Él desempolvará su vieja colonia en un momento!

La frase

"La mujer que no utilice perfume no tiene futuro".

COCO CHANEL

LOS OLORES PUEDEN AUMENTAR LA CONFIANZA EN TI MISMA

A las mujeres nos encantan las fragancias, y cuando creemos que olemos fenomenal, nos sentimos más seguras de nosotras mismas, más atractivas. En un estudio realizado, el 68 por ciento de las mujeres entrevistadas dijeron que utilizaban perfume para sentirse mejor consigo mismas.

Para sacar el máximo provecho de las fragancias, no te excedas en su uso. Primero pulveriza un poco de agua de colonia por todo tu cuerpo unas cuantas veces. Después aplícate un toque de agua de perfume en todas las zonas donde desees que te besen. Lo mejor es ponérselo en la muñeca y en la base del cuello, nunca detrás de las orejas puesto que parece ser que la grasa que producen las glándulas sebáceas de esta zona interfiere con la fragancia.

Haz pruebas con los perfumes. Desempaqueta esas estupendas cremas que llevas tiempo guardando para una ocasión especial y utilízalas todos los días. Pero no mezcles distintas fragancias; utiliza la misma fragancia para el desodorante y la crema corporal. Prueba también las fragancias para la casa y las velas aromáticas.

¿Cuál es tu duda?:

P ¿Hay alguna fragancia determinada que te haga ser más atractiva?

R *Cualquier perfume que te haga sentir bien mejora tu belleza, a menos que te hayas pasado con la dosis y le hayas provocado dolor de cabeza a la otra persona. El mejor consejo que puedo darte es que utilices aromas semi-orientales sensuales pero no excesivamente fuertes. Prueba Guerlain L'Heure Blue, Deep Red de Hugo Boss o Bal a Versailles de Jean Desprez. Le Dix de Balenciaga es un clásico. También puedes probar Giorgio Beverly Hills G, una esencia floral y de frutas que contiene jacinto blanco (conocido por sus cualidades afrodisíacas).*

P Tengo la piel sensible y el perfume la empeora. ¿Qué puedo hacer para oler bien sin que me pique?

R *En lugar de pulverizar el perfume sobre tu piel, aplícala a los puños, cuellos y dobladillo de tu ropa. Ten cuidado con las prendas de colores claros porque algunos perfumes pueden mancharlas. También puedes pulverizar la fragancia al aire y pasar por la deliciosa niebla de aroma.*

P He oído que las fragancias pueden hacer que la mujer parezca más delgada a los ojos de los hombres. ¿Es eso verdad?

R *Aunque parezca extraño, los estudios han demostrado que así es en el caso de las fragancias de la familia floral fuerte. Esto ocurre en el caso de perfumes como Rouge Hermes y Obsession de Calvin Klein. Comprueba esta teoría por ti misma.*

34

Mejoras rápidas

¿Tienes los ojos hinchados? ¿Ojeras negras? ¿El pelo encrespado? Prueba estos embellecedores instantáneos en caso de emergencia cuando tengas una cita importante.

Ya sabes cómo se siente una cuando te llega un gran ramo de rosas rojas al trabajo con una nota que dice: "Querida, te espero en el bar a las ocho. Ponte algo irresistible".

¡Ni en mis sueños! Pero la realidad es que *hay* ocasiones en que necesitamos urgentemente tener un aspecto impecable, como por ejemplo cuando nos invitan a una fiesta a última hora, tenemos una cita o un almuerzo de trabajo. Y como sin duda esto ocurrirá un día en que no tengamos las uñas arregladas, nos haya salido un grano o tengamos el pelo sin arreglar, a continuación puedes encontrar algunos trucos para pillar por sorpresa a los enemigos de la belleza.

DISIMULA ESOS GRANOS

Primero, limpia la zona donde esté el grano con un algodón empapado en una loción con medicamentos. Después, aplícate un producto limpiador o un gel a la zona para eliminar el exceso de grasa y evitar que el producto cubre-manchas no se fije. Utiliza un cubre-manchas del mismo tono que tu piel, preferiblemente de textura seca en lugar de cremosa, y aplícatelo justo encima del granito. Con una brocha o el dedo corazón, elimina el exceso de producto. Recuerda que estás intentando camuflar un grano, no toda la zona de alrededor.

MEJORA TU CARA AL INSTANTE

La mejor forma de conseguir que tu piel resplandezca y tenga más viveza es someter la cara a una exfoliación para eliminar la capa de células epiteliales muertas que la ensombrecen. Lavarse la cara con agua fría también es un método muy eficaz. La decana de la belleza Eve Lom (www.evelom.co.uk) tiene su propio método. Primero aplícate mediante un masaje una loción limpiadora con aceite y después elimínalo con una tela de muselina. Después, aplícate la loción limpiadora por la cara y el cuello, ejerciendo presión con las yemas de los dedos. Empieza detrás de las orejas para estimular el sistema linfático, reducir la congestión y la retención de líquidos. Repite este proceso tres veces, después aclara la tela para retirar la loción limpiadora y lávate la cara con agua fría.

Una buena idea

Para tener unas uñas fantásticas, utiliza las uñas postizas. Elije las que llevan pegamento incorporado ya que simplemente hay que colocarlas sobre las tuyas propias y presionar. Suelen durar unos tres días.

COMBATE LOS OJOS HINCHADOS

Date tú misma un pequeño masaje de drenaje linfático para combatir la retención de líquidos. Con el dedo anular, date masajes alrededor de los ojos con movimientos circulares, después túmbate y colócate discos de algodón empapados en agua de rosas o de avellano sobre los ojos. También puedes utilizar bolsas de infusión de camomila que previamente debes enfriar en el frigorífico. Bebe también mucha agua porque la deshidratación puede empeorar el estado de los ojos hinchados. Si tienes tiempo suficiente, procura hacer ejercicios que contribuyan a mejorar la circulación y el drenaje linfático. Como solución a largo plazo, duerme con la cabeza más elevada que el resto del cuerpo.

ELIMINA LAS OJERAS

Estas manchas tan feas aparecen cuando se ven los capilares sanguíneos a través de la piel. Algunas personas tienen por naturaleza la piel más fina y además con los años se pierde parte de la grasa de esta zona del cuerpo, con lo que las condiciones de la piel tienden a empeorar. Empezando por la parte interior del ojo, aplica un producto cubre-manchas de un tono más claro que el de tu piel. Lo ideal es utilizar un producto cremoso ya que es más fácil de aplicar y se extiende más uniformemente. Algunos expertos afirman que las cremas para contorno de ojos que contienen vitamina K, que contribuye a mejorar el flujo sanguíneo, ayudan a reducir las ojeras.

DOMA EL PELO ENCRESPADO

Puede que hayas nacido con el pelo encrespado, o quizá haya adquirido este aspecto debido al exceso de sol, de tintes o del uso del secador a elevada temperatura. Procura cuidarte el pelo de forma regular y córtatelo cuando sea necesario. Utiliza un acondicionador antes de secarte el pelo con el secador o aplícate unas cuantas gotas de crema suavizante que contenga pantenol o productos con silicona para recubrir la cutícula y mantenerlo liso. No temas utilizar laca ya que evita que la humedad del aire húmedo (que hace que el pelo se encrespe) penetre en el pelo.

MEJORA TU PELO

Prueba este truco súper rápido con el secador. Mójate el pelo ligeramente con un spray de agua y después aplícate un producto que levante las raíces para darle cuerpo y volumen. Empieza secando las raíces, haciendo que el aire vaya hacia arriba. Después dale forma con un cepillo de cerdas naturales para que tenga más brillo. Por último, utiliza los dedos para colocarte el pelo de forma un poco desordenada, pulveriza un poco de perfume al aire y "camina" a través de la nube. Conseguirás un estupendo aspecto al instante.

Idea clave

"Las mujeres tienen dos armas: los cosméticos y las lágrimas".

Anónimo

¿Cuál es tu duda?:

P   Por desgracia no tengo los pómulos marcados. ¿Qué puedo hacer para que se puedan apreciar: una liposucción, cirugía o morir de hambre?

R   *Utiliza una cubre-manchas de un tono más claro que tu piel, extendiéndolo bien desde el extremo del ojo hacia arriba; La luz se reflejará en la parte superior de la cara, creando la ilusión de que los pómulos son más grandes.*

P   ¿Hay algún truco rápido para resaltar los ojos?

R   *Sí. A continuación encontrarás un truco que en un minuto acentúa los ojos de cualquier color. Aplícate tu brillo de labios habitual a las pestañas del párpado superior con la yema del dedo o con un disco de algodón; de esta forma los ojos parecen más almendrados y brillantes y tendrán un aspecto centelleante natural.*

P   Siempre se me estropean las uñas nada más pintármelas. ¿Hay algún truco para proteger la laca de uñas sin tener que empezar a pintármelas desde el principio?

R   *Para igualar la superficie de la uña aplícate con el dedo un poco de quitaesmalte sobre la zona estropeada y frótala ligeramente. Cuando esté seco, séllala con una capa fina de esmalte.*

35

La primera impresión

Cómo producir el efecto "¡caramba!" y hacer que todo el mundo coma de tu mano en el mismo momento en que entras en una habitación.

Todas conocemos a alguna mujer que derrocha carisma, que tiene un algo que la hace destacar allá donde va. Tiene suerte; su carisma es innato, pero creo sinceramente que tú también puedes conseguirlo de forma metódica.

Analicemos lo que dicen los expertos sobre la primera impresión. Parece ser que el 55 por ciento de la impresión que causamos depende de nuestro aspecto y de nuestra forma de comportarnos, el 38 por ciento de nuestra forma de hablar y solo el 7 por ciento de lo que decimos. Es una buena noticia para las Eliza Doolittle que hay entre nosotras, pero también nos asigna a todas un trabajo que realizar.

VISTE ADECUADAMENTE

Piensa en ese vestido rosa tan sexy en el que siempre "cabes", un vestido muy apropiado para asistir a una fiesta pero que no te hará ningún favor en una reunión de trabajo. La primera regla es tener muy presente a qué tipo de acto se va a acudir y vestir en consonancia. Esto es aplicable también al maquillaje, la bisutería, el perfume y los zapatos.

En una ocasión me contaron una curiosa historia sobre una joven que decidió cambiar el uniforme generalizado (traje de chaqueta azul marino con falda por debajo de la rodilla) que utilizaban las mujeres que querían que las tomasen en serio en el banco de inversiones donde trabajaba. Siempre había querido ser el centro de atención y que los demás volvieran la cabeza para mirarla, así que una mañana se paseó por su estirada y acicalada oficina llevando unos pantalones llamativos y sedosos. Gran error. En lugar de conseguir el efecto deseado, incitar al deseo, su jefe le echó una reprimenda en público por "acudir al trabajo en pijama con aspecto ridículo".

Aunque condenes esta actitud anacrónica, aprende de esta anécdota y viste siempre de forma adecuada para cada ocasión. Tu aspecto general es lo primero en lo que se fijarán los demás, y te sentirás mucho más segura de ti misma si sabes que tienes un aspecto adecuado para el trabajo, para una ocasión informal o para una situación elegante.

Una buena idea

Prueba una sesión de aromaterapia. Se dice que la bergamota aumenta la autoestima y que el pomelo es refrescante y revitalizador. Prueba a darte un baño con aromaterapia antes de salir o echa unas cuantas gotas en un pañuelo y respira profundamente el aroma dos o tres veces mientras te diriges al acto social.

LA COMODIDAD ES IMPORTANTE

¿Tienes una cita amorosa? ¿Tienes que asistir a una fiesta ostentosa y elegante? Aunque ir de compras para elegir todo lo que necesitas para una cita emocionante forma parte de la diversión, te sentirás mejor si estás cómoda, así que "doma" los zapatos nuevos, pruébate más de un conjunto de ropa interior y comprueba la bisutería si eres alérgica a algún metal.

PREPÁRATE

Gasta todo lo que puedas permitirte en prepararte. ¿Tienes una cita con alguien nuevo que promete? Ve a la peluquería. ¿Vas a una gran fiesta? Hazte la manicura o un tratamiento facial. Mimarte a ti misma te hará estar más atractiva y segura de ti misma al instante, y los demás lo notarán.

CONFÍA EN QUE GUSTARÁS

Una buena forma de eliminar los nervios, la ansiedad o el sentimiento de temor es imaginarte a ti misma causando una gran primera impresión. Repítete "Estaré resplandeciente. Siempre respondo a las expectativas. Soy simpática. Le gusto a la gente. Estoy fantástica".

EL PRIMER SALUDO

Ensaya un saludo con un apretón de manos firme y que transmita confianza, y recuerda que el contacto visual es esencial. Sonríe y aparenta estar contenta. El efecto será inmediato y transmitirás simpatía y calidez. A la gente le gusta gustarle a los demás, y una sonrisa es una señal instantánea de que así es.

TÓMATELO CON CALMA

Los nervios pueden hacer que hasta la voz más dulce parezca la voz de Minnie Mouse después de haber inhalado helio. Relájate; proponte hablar despacio. Respira profundamente, camina despacio y con cuidado y mantén el contacto visual por muy nerviosa que te sientas.

REPASA TUS TEMAS DE CONVERSACIÓN

¿No sabes nunca de qué hablar? Haz las tareas en casa y ensaya algunas formas de romper el hielo para iniciar una conversación. Si tienes que asistir a una reunión importante que te preocupa, piensa en qué temas interesan a las personas con las que te reunirás, como por ejemplo la zona de la que proceden o las noticias de actualidad en ese momento. Una forma instantánea de conseguir que la conversación sea fluida es preguntarle a la otra persona sobre sí misma, así que pregúntale por qué motivo ha acudido a ese acto o cómo conoció al anfitrión. Muéstrate interesada en su persona y busca los aspectos que tengáis en común, como vuestro sitio favorito de vacaciones o amigos en común. Un truco fácil de recordar en lo que se refiere a temas de conversación es TOFE: Trabajo, Ocio, Familia y Educación.

¿Cuál es tu duda?:

P   Me pongo muy nerviosa cuando voy a conocer a gente nueva. ¿Qué puedo hacer para evitarlo?

R   *Prueba a hacer un poco de ejercicio una hora antes de salir. El hecho de nadar, dar un paseo a buen paso, correr durante veinte minutos o incluso dar vueltas por la habitación agitando los brazos aumenta tus niveles de energía y mejora rápidamente el aspecto de tu cara. Lo que es más, la práctica de ejercicio libera endorfinas que hacen sentirse bien y que pueden aumentar la confianza en ti misma y poner tu cerebro en marcha de forma que te resultará más fácil entablar una conversación.*

P   No soy especialmente aficionada a las fiestas. ¿Qué puedo hacer para animarme sin venirme debajo de antemano?

R   *No te sientas obligada a quedarte en la fiesta hasta el final. Limítate a estar una hora por ejemplo o procura llegar temprano cuando todavía hay poca gente. Dedica algo de tiempo a realizar unos ejercicios de respiración antes de la fiesta para calmarte. Prueba este durante unos cinco minutos: toma aire mientras cuentas hasta cuatro y expúlsalo contando hasta cinco, relajando el estómago y los hombros. Te sentirás más relajada. Además, pídele a uno o dos amigas que te acompañen, ¡a menos que se trate de una cita amorosa, claro!*

36

Secretos de seducción

Armada con una forma sexy de caminar, una mirada atrayente y una voz atractiva, el mundo será tuyo.

Imagínate a dos chicas guapas en una fiesta. Una está sentada medio recostada en una esquina mirando una cámara infantil, y la otra está de pie bien erguida, sonriente y pasando el dedo delicadamente por el borde de su copa.

No hay duda de con cuál querrán hablar todos: con la que está contenta y rebosante de confianza en sí misma, abierta a entablar relaciones sociales, desde luego. La buena noticia es que con tan solo unos cuantos secretos del lenguaje corporal tú también puedes aumentar tu atractivo.

MEJORA TU POSTURA

Mantente erguida con los hombros hacia abajo y hacia atrás y el estómago metido. Imagina que hay una cuerda sobre ti que tira de tu columna vertebral hacia arriba. Mantén la pelvis neutral: sin sacar el trasero para fuera ni meterlo. Cuando estés hablando con alguien, préstale toda tu atención y evita mostrarte inquieta o confundida. Permanecer con los pies apuntando directamente a la otra persona es uno de los signos más importantes que demuestran que te gusta la otra persona.

HAZ EL PASEÍLLO

Marilyn Monroe perfeccionó el contoneo de caderas que mejor muestra las curvas femeninas. Así es como se hace: mientras caminas, imagina que tienes una cuerda atada a la zona pélvica que tira de ti hacia delante. Mantén el abdomen ligeramente contraído y coloca cada pie justo delante del otro de forma que las caderas se bamboleen ligeramente. Mantén la cabeza erguida, los hombros hacia atrás y el pecho elevado. Haz todos los movimientos lentamente. Y ahora solo tienes que añadir los tacones.

Una buena idea

Colocar las palmas hacia arriba es una forma de demostrar que estás abierta a entablar una relación social y que eres accesible. Mostrar la palma de la mano cuando te eches el pelo hacia atrás también demuestra que estás abierta y disponible.

UTILIZA LA NOTA ADECUADA

Tu voz puede ser una maravillosa herramienta de seducción. Lo ideal es tener una voz rico, melodiosa, una suave ronquera mezcla de Lauren Bacall y Jessica Rabbit. La mayoría cometemos el error de hablar demasiado deprisa y demasiado alto, sobre todo cuando estamos nerviosos. Prueba lo siguiente: siéntate con las manos sobre el diafragma y respira profundamente unas cuantas veces. Expulsa el aire por la boca. Después emite un sonido como de "canturreo" entonado alto y baja una octava. A medida que entonas descendiendo por la escala tonal, imagina que tu voz va bajando por tu cuerpo. Repite tres veces, descendiendo el tono de forma gradual. Por último, imagina tu voz bajando por la cavidad torácica. Llegados a este punto debes hablar con el diafragma con una voz sumamente seductora.

JUEGA CON TU PELO

El hecho de tocarse y juguetear con el pelo resulta sumamente seductor. Realiza movimientos muy suaves, casi como caricias en lugar de enrollarte el pelo alrededor de un dedo, que es más bien estilo Shirley Temple. Guiñar ligeramente los ojos bajo un flequillo es una forma de coqueteo adorable, pero lo que resulta más atractivo es llevar el pelo ligeramente alborotado, como si te  acabases de levantar de la cama; unos rizos suaves resultan mucho más femeninos que el pelo completamente liso. Procura darle forma a tu pelo con un poco de suero para añadirle brillo y mantener las ondas.

INVOLÚCRATE CON LOS DEMÁS

Mira, ríe, escucha. A los hombres les encantan las mujeres que escuchan (a ellos). Nunca mires por encima del hombro de los demás cuando estés hablando con ellos. Mira a los ojos a la otra persona, pero también debes saber cuándo apartar la mirada tímidamente si quieres seducir a un hombre. Sonríe como una reina de la belleza, pero asegúrate de que guiñas los ojos (es el signo de una sonrisa verdadera).

TOCA DELICADAMENTE

La clave en este aspecto consiste en tocar coquetamente al hombre quitándole un hilo imaginario o un pelo del hombro. Si puedes, hazte la manicura para tener unas manos bonitas para todo este toqueteo y manoseo. Tocar a la otra persona es efectivo incluso en el caso de otra mujer: acercar dos o tres dedos a la otra mujer y tocarla en algún punto entre la muñeca y el antebrazo durante un cuarto de segundo indica que estás involucrada activamente en la conversación y le hará sentirse interesante a la otra persona.

TÓCATE A TI MISMA

Cuando estés hablando con un hombre, tócate en algún punto entre el cuello y el medio de tu sujetador. Es una señal muy tentadora.

Idea clave

"El acoso y la seducción son la esencia de la sexualidad. Es parte del juego".

CAMILLE PAGLIA

¿Cuál es tu duda?

P No soy capaz de andar con tacones altos. ¿Alguna sugerencia?

R *Utiliza tacones la mitad de altos y, si puedes, no utilices medias: de esta forma los zapatos se te quedarán pegados y no te resbalarás. Doma los zapatos nuevos doblando ligeramente la parte de atrás unas cuantas veces. Para que resbalen menos, ponles un poco de cinta adhesiva en las suelas o utiliza un cuchillo para rallarlas. Para acostumbrarte a los tacones, paséate por casa con ellos. Da pasos más largos de lo normal: de esta forma tendrás que inclinarte ligeramente hacia atrás (pero sin arquear la espalda), con lo que andarás de forma más airosa.*

P ¿Puedes sugerirme algún truco de belleza instantánea?

R *Tener un aspecto radiante y despierto hará que se fijen en ti. Utiliza cremas hidratantes y bases de maquillaje que reflejen la luz para desviar la luz de cualquier imperfección que puedas tener. En lugar de pintura de labios, utiliza brillo para resaltar más tus labios y rízate las pestañas con un rizador para que tus ojos parezcan más grandes y despiertos. Lleva el pelo recogido para dejar el cuello al descubierto, una zona erógena; siempre puedes soltártelo cuando avance la noche, mostrando una nueva persona.*

37

Cuidarse la espalda

Si nunca has pensado en tu espalda, ahora es el momento de solventar la negligencia.

¿Solo te acuerdas de tu espalda cuando llega el verano y tienes que enseñarla o cuando tienes que ponerte una camiseta de tirantes para una cita? De repente te encantaría tener una espalda perfecta con los músculos firmes y duros de una bailarina de ballet.

Si formas parte del 80 por ciento de la población que sufre dolores de espalda, seguramente la maldigas a diario. Sabemos que el 90 por ciento de los dolores de espalda se deben a malas posturas, siendo las principales causas acarrear pesos excesivos, colgar bolsos pesados en nuestros hombros, sentarnos mal en el trabajo y pasar horas al volante. Además, tenemos que acarrear nuestra propia cabeza también, lógicamente, lo cual no es moco de pavo teniendo en cuenta que pesa unos 5 ó 6 kilos.

Prueba lo siguiente y préstale a tu espalda la atención que requiere:

TONÍFICALA

Las disciplinas como la natación (a braza), Pilates y el yoga constituyen métodos estupendos para tener una espalda y hombros fuertes y esbeltos. También puedes probar con la técnica de Alexander, un método de alineación postural que añade unos centímetros a tu altura.

El remo también es un ejercicio estupendo para reforzar la espalda. Prueba con este ejercicio que simula la acción de remar:

Ata una tela resistente a un objeto pesado como por ejemplo la pata de una mesa; átala a tres cuartas partes de la altura de la pata.

Realiza unos cuantos estiramientos para calentar.

Ponte de pie con los pies separados a la altura de las caderas, un poco separada de la mesa. Dobla las rodillas a medio camino de la posición en cuclillas, con las caderas detrás de ti y el cuerpo inclinado hacia delante, manteniendo la espalda recta y la cabeza alineada con la columna vertebral.

Agarra la tela con las dos manos (con las palmas hacia arriba). Debes sentir cómo se estiran los lados de tu cuerpo.

Con la espalda, las piernas y las caderas en la misma posición, expulsa el aire y dobla los brazos tirando de la tela en dirección a tu caja torácica, sin apartar los codos del cuerpo. Después vuelve despacio a la posición de inicio, manteniendo la tensión de la tela.

Repite el ejercicio quince veces, haciendo dos series de repeticiones.

Estírate después. Colócate un poco separada de una mesa o una silla, dobla las rodillas a medio camino de la posición en cuclillas e inclínate hacia delante, colocando las manos sobre la mesa o el respaldo de la silla separadas a la misma altura que los hombros. Da unos pasos atrás e inclínate más hacia delante, de forma que la espalda y la cabeza queden alineadas con los hombros y los brazos. Mantén la posición durante veinte segundos, asegurándote de que tienes las rodillas dobladas y de que la espalda no esté arqueada.

REAFIRMA LOS HOMBROS

Prueba este ejercicio, que trabaja los deltoides, los músculos que se extienden desde la parte delantera de la base del cuello y los extremos de los hombros por detrás, cubriendo los hombros y terminando en la parte trasera de la parte superior de los brazos. Todo lo que necesitas es una silla poco pesada que puedas levantar sin esfuerzo. Procura hacer una serie de seis repeticiones tres veces a la semana.

Colócate de pie cerca de la silla con los pies separados a la altura de las caderas. Vista de lado, debe haber una línea recta desde las orejas hasta los hombros, las caderas, las rodillas y los tobillos.

Tomando aire, dobla las rodillas y echa las caderas hacia atrás como si fueras a sentarte. Con los brazos separados a la altura de los hombros, agarra suavemente los extremos de la silla. Centra tu atención en la silla.

Mientras expulsas el aire, levanta la silla hasta la altura de los hombros, manteniendo los brazos separados a la altura de los hombros. Mantén los hombros hacia abajo, la barbilla metida para dentro, la columna extendida y los abdominales tensos. Echa la pelvis ligeramente hacia abajo y mantén la posición entre tres y cinco segundos sin contener el aliento.

Suelta la silla lentamente y vuelve a la posición de inicio.

ELIMINA LOS GRANITOS DE LA ESPALDA

Los granos pueden arruinar el efecto producido por una camiseta de tirantes. Mantén la zona con granitos bien limpia, cambia las toallas y las sábanas al menos dos veces a la semana y sométete a un tratamiento de limpieza de la espalda por lo menos una vez al día.

Cuando te limpies la espalda, la clave está en eliminar las células muertas de la piel que bloquean los poros y favorecen la aparición de granos. Aplícate con los dedos un limpiador de buena calidad (preferiblemente que contenga medicamentos) y después retíralo con una tela de muselina. Prueba con el aceite del árbol de té, ya que ejerce una acción antibacteriana; puedes aplicarlo directamente sobre los granos o diluir entre seis y diez gotas en agua caliente y darte un baño, manteniendo la espalda sumergida unos diez minutos. No lo utilices con jabón ya que puede interferir con sus propiedades.

No es fácil llegar una misma a la zona de la espalda, por lo que si puedes es mejor someterse a un tratamiento en un salón de belleza; el tratamiento Guinot para la espalda utiliza una combinación de corriente eléctrica suave y geles y cremas Guinot que revitaliza la piel. También debes considerar la posibilidad de consultar a un médico, ya que los granos de la espalda pueden salir como resultado de un desequilibrio hormonal.

¿Cuál es tu duda?

P Soy un poco desgarbada. ¿Qué puedo hacer tener una postura más elegante?

R *Procura repartir el peso entre los dos pies por igual. Reafirma los músculos de la zona abdominal, mete el estómago y mantén los glúteos ligeramente apretados. Mantén las rodillas flexibles y la columna estirada, como si hubiese una cuerda que la recorriese y tirase de ella hacia arriba. La barbilla debe estar paralela al suelo y los hombros hacia atrás y hacia abajo.*

P Casi siempre me levanto con dolor de espalda. ¿Alguna sugerencia?

R *La columna vertebral puede perder su alineación debido a una cama mala y las malas posturas adoptadas mientras se duerme. Elije un colchón de firmeza intermedia y compra una cama buena. Solo podrás saber si es adecuada probándola, así que túmbate y mete la mano debajo de tu espalda, a la altura de la cintura. Si queda un hueco grande entre la cama y tu espalda, es que la cama es demasiado dura; si no queda hueco o este es demasiado pequeño, es que es demasiado blanda. Asegúrate de que la almohada es consistente y de que te mantiene la cabeza alineada con el resto de la columna. Duerme con la cabeza y el cuello (pero no los hombros) apoyados en la almohada. No utilices demasiadas almohadas porque de esta forma la cabeza estará demasiado elevada.*

 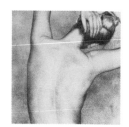 

38

El cuidado del pelo

Teniendo en cuenta que tenemos entre 80.000 y 120.000 pelos en la cabeza, no es de extrañar que a veces experimentemos problemas de disciplina. A continuación puedes descubrir cómo mantenerlos bajo control.

El cabello es como una niña pícara. Lo lavas con cariño y cuidado, utilizas lociones exóticas y acudes al mejor salón de belleza que te puedes permitir, y aún así se ríe en tu cara.

El pelo está compuesto de tres capas. La exterior se denomina cutícula, y está compuesta por cientos de células como las tejas de un tejado. Cuando las tejas están bien colocadas, el cabello está suave, sano y brillante porque la luz se refleja en él. Pero cuando el cabello se ha visto sometido a demasiados cepillados, rizados, procesos, calor y temperaturas extremas, algunas de las células se dañan. Compara los efectos acumulativos de estos procesos con un huracán golpeando el tejado. La superficie acaba áspera, sin uniformidad y sin brillo y puede abrirse en capas. En estas condiciones es necesario realizar un excelente trabajo de restauración o darse un buen corte de pelo y empezar de nuevo. Prueba con las siguientes soluciones.

EVALÚA EL DAÑO

¿Está sano tu pelo? Coloca un mechón entre un par de tenacillas separadas unos 7,5 centímetros y tira de él. Si el pelo está sano, debe estirarse un 30 por ciento (unos 2,5 centímetros) antes de romperse. Si se rompe antes, quiere decir que ha perdido parte de su elasticidad a causa de los productos químicos, los estilismos a los que se ha sometido o al daño producido por el sol.

Después, pásate los dedos por el pelo tocando el cuero cabelludo. Si la piel se mueve poco y tiene un tacto duro, indica que la circulación es insuficiente. Si está demasiado esponjoso, indica que el cuero cabelludo puede estar inflamado o que ha acumulado demasiadas toxinas. Un masaje capilar puede servir de ayuda.

¿Cómo queda tu pelo después de lavártelo con champú, antes de aplicarte el acondicionador? Si tiene un tacto áspero, puede que el champú sea demasiado fuerte y debas utilizar uno para pelo mixto o con aceites acondicionadores nutritivos.

Una buena idea

Si tu pelo tiene un aspecto apagado, analiza cuidadosamente la dieta que sigues. Debes tomar alimentos ricos en proteínas en abundancia, como carne magra, pescado, tofu y productos lácteos, para favorecer el crecimiento del cabello sano. Come también mucha carne roja, verduras de hoja verde, huevos y cereales enriquecidos en el desayuno, ya que la caída del pelo está relacionada con la falta de hierro.

DATE MASAJES EN EL CUERO CABELLUDO

La próxima vez que te laves el pelo, céntrate en lavar el cuero cabelludo en lugar de limitarte a la lavarte solo el pelo y utiliza un champú acondicionador (uno que contenga jojoba o aceite acondicionador dulce). No te preocupes si tienes el pelo graso, ya que estos aceites ayudan a regular la producción de grasa porque engañan al pelo haciéndole creer que produce el aceite él mismo. Al aplicarte el champú, masajéate el cuero cabelludo con las palmas de las manos y las yemas de los dedos para suavizar la piel, mejorar la circulación sanguínea y estimular la renovación de la piel.

SOMÉTETE A UN TRATAMIENTO DE SALÓN DE PELUQUERÍA O A UN TRATAMIENTO NOCTURNO

Llena una cuchara con un aceite parea el tratamiento del cabello (también sirve el aceite de almendra o el de oliva). Empezando por la parte de la frente y en dirección hacia atrás, hacia la nuca, aplícatelo con un masaje en el cuero cabelludo utilizando las yemas de los dedos. Deja que el aceite actúe durante unos diez minutos y después lávate el pelo con un champú suave. Luego aplícate un acondicionador. Enróllate una toalla alrededor de la cabeza o envuélvela en papel transparente para generar calor, lo que contribuye a que el tratamiento penetre más profundamente en el cabello. Déjalo actuar durante una hora y después aclara bien.

Otra posibilidad es mezclar tres cucharadas de aguacate, dos de zumo de zanahoria, tres de aceite de oliva y una gota de un aceite esencial como el de ylang ylang o el de jazmín. Trabaja la mezcla, aplícatela sobre le pelo mojado y cúbrete la cabeza con film transparente o un pañuelo. Aclárate el pelo al día siguiente (sin utilizar champú).

COSAS QUE SÍ DEBES HACER

Aplícate el champú suavemente, por partes, masajeando el nacimiento del pelo al igual que las cutículas.

Si puedes soportarlo, aclárate con agua fría con una jarra o directamente en la ducha para fortalecer las cutículas. También puedes acararte con zumo de limón o una taza de vinagre diluido en un litro de agua fría; el áci-do refuerza las cutículas lo que contribuye a conferirle más brillo al pelo. Después aplícate un acondicionador y aclara otra vez.

Sécate el pelo con el secador en la posición más fría y utiliza el aire caliente solo para darle forma. Apunta el secador hacia el nacimiento del pelo y sigue el cepillo con la boquilla del secador. Aplica un poco de aire frío al final para cerrar las cutículas.

COSAS QUE NO DEBES HACER

No te aclares el pelo con la misma agua en la que te has bañado porque contiene residuos de jabón alcalino que dejan depósitos opacos en el pelo.

No te seques el pelo con la toalla, porque enreda y pone áspero el pelo.

¿Cuál es tu duda?

P ¿Es aconsejable lavarse el pelo con champú con frecuencia?

R *Puedes lavártelo a diario, una vez a la semana o con la frecuencia que sea necesaria para que tu pelo esté bien. Si tienes el pelo grasiento o practicas deporte todos los días, seguramente tendrás que lavártelo a diario. Si tienes el pelo seco, podrás lavártelo con menos frecuencia. Hay que lavárselo con champú cuando tenga un aspecto apagado o sucio, o cuando te pique el cuero cabelludo.*

P ¿Se acostumbra el pelo a un determinado champú? ¿Es necesario alternar los productos que se utilizan?

R *Depende. Si utilizas un champú anti-caspa o uno especial para la soriasis, puede que el cuero cabelludo se acostumbre a él, aunque los médicos no saben por qué. Si tu champú ya no produce el efecto deseado, procura alternarlo todos los meses. El pelo no se acostumbra a los champús neutros porque no se producen reacciones químicas entre el pelo y los ingredientes tales como la menta, el romero, el limón, etcétera. Si notas que tu champú a veces no funciona tan bien como otras veces, puede deberse al estrés, al exceso de sol o a la dieta alimenticia que sigues. En estas ocasiones puedes probar con otras fórmulas.*

39

Jugar con el color

¿Te sienta bien el rosa? ¿Tienes un aspecto armonioso vestida de verde? Descubre cómo el color puede mejorar tu aspecto al instante.

¿Has considerado alguna vez la idea de usar ropa interior de color anaranjado? Pues deberías: el naranja es el color de la energía sexual. Teniendo en cuenta que la vista atrae tres quintas partes de nuestra atención consciente, quizá haya llegado la hora de ser un poco más atrevida con el color.

El color es un arma muy potente y vital en tu arsenal de embellecimiento. Piensa un momento en tu arquetipo de profesor de geografía: camisa gris, cinturón marrón, chaqueta gris, calcetines a la última moda y unos desgatados zapatos clásicos marrones. Triste, austero y apagado, ¿verdad? No es de extrañar que esos obstáculos y muros no consiguieran despertar tu interés. Ahora intenta cambiar su estilo en tu imaginación: vístele con una camisa clásica de color rosa o incluso con una chaqueta malva. Un aspecto diferente mucho más atractivo, ¿no te parece?

Hay dos consideraciones que debemos tener en cuenta en lo que se refiere al "color". En primer lugar, analiza cuál color es el que más te favorece.

La mayoría de las mujeres tienden a considerar dos categorías: frío o cálido. El azul, el negro, el blanco, el rosa y el plateado son colores fríos, que suelen favorecer a las personas con cabello oscuro y ojos azules o verdes. Si tienes los ojos marrones o eres pelirroja, utiliza el color marrón, el verde aceituna, el óxido y el beige para resaltar tus colores. Puedes pedirle consejo a un asesor de imagen para que te diga qué colores debes utilizar, pero la mayoría sabemos qué nos favorece. Cuando vayas a comprar una prenda nueva, primero colócala junto a tu cara para comprobar si el color le favorece a tu tono de piel.

En segundo lugar, ten en cuenta los efectos emocionales de los colores: los diferentes colores provocan respuestas fisiológicas diversas. El rojo, por ejemplo, estimula el ritmo cardiaco y eleva el pulso. La terapia del color, un tratamiento para combatir las afecciones y los problemas emocionales, se basa en la premisa de que el color puede estimular nuestros procesos naturales de curación. Vamos a analizar los efectos que producen los diferentes colores para poder utilizarlos para sacar el máximo provecho a nuestro aspecto y a la vida en general. Cada día, déjate guiar por tu "intuición" para elegir el color adecuado. Si crees que deberías utilizar el azul claro ¡pues úsalo! Y recuerda que los colores también influyen en las reacciones de los demás, así que utilízalos en tu propio beneficio.

Una buena idea

¿Necesitas liberar estrés rápidamente? Prueba con este ejercicio de visualización que se realiza en dos minutos. Túmbate o siéntate tranquilamente con los ojos cerrados y respira profundamente. Imagina que estás sentada al aire libre, bajo un cielo de color azul intenso o junto a un tranquilo lago azul. El azul es un color que transmite calma, tranquilidad, así que imagina que el azul invade todo tu cuerpo y calma tu mente.

Rojo. Color que infunde energía y que puede aumentar el ritmo de la respiración, el pulso y la actividad cerebral. Los expertos en colores lo recomiendan para ayudar a combatir la depresión y el cansancio. Es una buena elección si quieres transmitir confianza y energía, sobre todo si has dormido poco y quieres aparentar que estás repleta de vitalidad.

Naranja. El color de la felicidad, confianza, energía sexual y alegría. Puede animar a la gente y estimular la memoria. Es cálido, revitalizador y está relacionado con el sol; un buen color para mejorar la capacidad de comunicación ya que ayuda a romper las barreras.

Amarillo. Adecuado para transmitir energía, pero no lo utilices en el dormitorio porque perturbará tu sueño. Un gran color para utilizarlo cuando se inicia una relación amorosa puesto que es un color alegre que mejora el humor. Rodéate del color amarillo si necesitas una inyección de energía intelectual ya que ayuda a mantener la concentración mental.

Verde. El color del equilibrio, la calma y la compasión, y el color de la vida, del que se dice que ayuda a superar el cansancio, el insomnio, la tensión y la ira. Promueve la paz y la armonía, por lo que es el color adecuado para las prendas de vestir si lo que quieres es estimular una reconciliación después de una pelea o si tienes un duro día de trabajo por delante con clientes difíciles.

Azul. Paz, orden, descanso y suavidad. Se ha comprobado que el color azul disminuye la presión sanguínea y el pulso y contribuye a reducir el estrés. Los expertos afirman que es un color adecuado para las entrevistas ya que el que lo lleva da la impresión de ser una persona leal y tranquila en momento de crisis.

Morado. Crea paz y tranquilidad. Se considera el color más espiritual y también puede reforzar tu capacidad de comunicación y mantener a los demás pendientes de cada palabra que pronuncies.

Marrón. Color favorito de los profesores de geografía, el marrón es un gran color "de tierra" y es reconfortante. El color marrón chocolate favorece a las mujeres de ojos marrones.

Negro. Sofisticado y elegante. Color de "excelencia". Puede denotar seriedad y el estado de escuchar, por lo que es apropiado si quieres mostrarte centrada, seria y atenta.

Rosa. El color de la calidez, feminidad eterna y amor, y es tranquilizador y vigorizador. ¿Quién no se siente femenina y guapa vestida de rosa?

Blanco. Limpio, tranquilizador y el color de la pureza. Un buen antídoto para la sobrecarga espiritual, para favorecer la meditación, para tranquilizarse y demostrar serenidad. Es también un color adecuado para nuevos comienzos...

¿Cuál es tu duda?

P   Es mi primera cita desde hace mucho tiempo. ¿Cómo puedo causar la impresión correcta?

R   *Depende de qué impresión quieras causar. El rojo es el color de la pasión y el sexo, pero también puede resultar excesivo para tu cara. Los mejores colores para esta ocasión son el naranja, que es el color de la energía, o el rosa, el color de la eterna feminidad, favorecedor en la mayoría de los casos y especialmente cuando el rostro está bronceado.*

P   ¿Quiere esto decir que nunca debemos utilizar el rojo en una primera cita?

R   *En absoluto. Algunos toques de rojo en el dormitorio, por ejemplo, pueden resultar estimulantes, vigorizantes y estimular la pasión, pero utilizados con moderación. El uso excesivo del color rojo en el dormitorio te impedirá dormir (es mejor utilizar el azul claro), pero si dormir no es lo que pretendes, dale un sutil toque sexual a tu habitación con un jarrón de rosas rojas, unos cojines rojos sobre la cama un bonito cuadro en el que predomine el rojo. También puedes distribuir pétalos de rosas rojas sobre las sábanas, encender velas rojas, colocar un salto de cama de color rosa fuerte en el respaldo de la silla y cosas por el estilo. Él entenderá el mensaje.*

40

Unas piernas más atractivas

Cómo estilizarlas, tonificarlas, suavizarlas y favore-
cerlas, sea cual sea su forma.

Nada provoca más silbidos que un par de piernas bonitas y estilizadas. Si no lo crees así, no tienes
más que ponerte un par de medias provocativas y
pasearte frente a la obra más próxima.

Por desgracia, no todo el mundo es tan permisivo como los obreros
cuando se trata de las piernas. De hecho, nosotras mismas somos nuestras
peores críticas. Pero si mantienes tus piernas suaves, tonificadas, bronceadas
e hidratadas llegarás más lejos en la vida que simplemente de A a B.

LARGAS Y DELGADAS

Si tus piernas soportan un exceso de peso, puedes transformarlas simplemente con perder unos cuantos kilos siguiendo una dieta baja en grasas hi-
pocalórica. La combinación de los ejercicios cardiovasculares con los de resistencia constituye la mejor forma de reducir la grasa corporal; procura hacer tres sesiones semanales de treinta minutos cada una de trabajo
cardiovascular, como por ejemplo correr, remar o pedalear y tres sesiones de

ejercicios de resistencia trabajando todo el cuerpo. Entre estos últimos tendrás que incluir ejercicios dinámicos, que podrás realizar cómodamente en tu casa y con los que mejorarás el tono muscular de las piernas. También tendrás que trabajar los músculos de los muslos, ya que tienen tendencia a estar debilitados y por lo tanto a mostrar los deliciosos efectos de la celulitis en mayor medida que otras zonas del cuerpo. Andar cuesta arriba es un ejercicio estupendo para fortalecer los muslos. Si sueles acudir a un gimnasio, apúntate a las clases de "body pump" y de "body conditioning" y prueba también con las clases de ejercicios basados en el baile. Pilates y el yoga también son adecuados para esculpir los músculos de las piernas.

Una buena idea

Utiliza las medias de forma inteligente. Las medias negras opacas hacen las piernas esbeltas y además van bien con casi todo. Para que tus piernas parezcan más largas y delgadas, utiliza medias con rayas verticales. Las medias de malla también confieren un aspecto bonito a las piernas, pero es preferible utilizarlas de colores obscuros y de malla estrecha porque son más favorecedoras. Evita las medias de color rojo o blanco como si se tratase de la peste y no combines las medias con minifaldas a menos que seas una dama de la noche.

Prueba con los siguientes ejercicios; procura hacer tres series de cada ejercicio tres veces a la semana.

REAFIRMANTES DE MUSLOS, GLÚTEOS Y PANTORRILLAS

Ejercicios de estiramiento con las piernas rectas

Colócate de pie sobre un escalón y después baja una pierna con una zancada grande, echándola hacia atrás. La rodilla de la pierna que está adelantada debe estar justo encima del tobillo y la pierna que has echado hacia atrás debe estar estirada con la rodilla ligeramente flexionada. Mantén el talón de la pierna que está detrás levantado del suelo. Contrae los músculos del estómago mientras vuelves a la posición erecta. Repite el ejercicio con la otra pierna. Haz tres series de doce veces cada una con cada pierna.

TONIFICADORES DE MUSLOS

Colócate de pie con los pies más separados que el ancho de tus caderas, con las puntas de los pies y las rodillas hacia fuera formando un ángulo de cuarenta y cinco grados y las manos apoyadas en los muslos. Tensa los músculos del estómago. Dobla las rodillas, bajando el torso hacia el suelo. Mantén el peso sobre los talones y la columna en posición neutral, con el final de la espina dorsal apuntando hacia abajo a medida que el cuerpo desciende. Apoya el peso sobre una de las piernas a la vez que arrastras la otra hacia ella para juntarlas. Utiliza los músculos interiores de los muslos para juntar las piernas. Separa las piernas de nuevo y repite el ejercicio con la otra pierna. Haz tres series de doce a quince veces con cada pierna.

SUAVES Y SEDOSAS

Para conseguirlo debes exfoliar la piel de forma regular utilizando una esponja exfoliante, un cepillo corporal o un mitón exfoliante. Procura cepillarte el cuerpo todas las mañanas antes de ducharte o bañarte; utiliza un cepillo de fibras naturales y cepíllate suavemente hacia arriba en dirección al corazón con movimientos largos y rápidos. Los exfoliantes también contribuyen a suavizar la piel dura de las rodillas. Mantén tus piernas bien hidratadas siempre; las cremas y lociones nutren las capas superficiales de la piel y les confieren un aspecto más suave, sedoso y joven.

La frase

"Tengo los muslos flácidos, pero afortunadamente mi estómago los tapa".

JOAN RIVERS

BRONCEADAS

Unas piernas bronceadas parecen automáticamente más largas, delgadas y con mejor textura. Para tenerlas bronceadas durante todo el año, lo mejor es utilizar autobronceadores; exfólialas siempre primero y aplícate una hidratante suave con un masaje antes de aplicarte el producto bronceador. No te apliques el producto en exceso en la zona de las rodillas y de los talones, porque suelen quedar manchas.

BRILLANTES

El aceite corporal confiere a las piernas un brillo muy atractivo, sobre todo si la piel está bronceada. El aceite de oliva, de girasol o de almendra consiguen el mismo efecto.

¿Cuál es tu duda?

P   ¿Cuál es el mejor método de depilación para las piernas?

R   *Depende de la cantidad de vello que tengas y de tu umbral de dolor. La cera caliente arranca el vello de raíz, con lo que los resultados duran dos o tres semanas más que la depilación con maquinilla o con cremas depilatorias. Las cremas depilatorias químicas rompen la estructura de las proteínas del vello y después se aclaran. Si tienes la piel sensible, primero haz una pequeña prueba. Cuando te crezca el vello, no tendrá un tacto tan áspero y duro como ocurre en el caso de la depilación y además tarda más en salir. Si te pasas la cuchilla, moja siempre primero la zona con una crema o un gel especial para este tipo de depilación o incluso con una* *hidratante. De esta forma es menos probable que te cortes y además la depilación será más efectiva porque el vello absorbe el agua, con lo que estará más levantado y será más fácil cortarlo. Después de depilarte, aplícate siempre una hidratante.*

P Temo el verano porque mis piernas no están hechas para los pantalones cortos. ¿Cuáles son los más favorecedores?

R *Los pantalones cortos "cortos" ligeramente acampanados alargan las piernas cortas. Prueba también con los que llegan hasta la mitad del muslo. Procura no utilizar calcetines ni zapatillas de deporte si tienes las piernas cortas y regordetas; utiliza sandalias con un poco de tacón para crear el efecto de unas piernas más largas. En lo referente a las faldas, el corte en A, justo por debajo de la rodilla es el más favorecedor. No compres nunca una falda, un pantalón corto o unos pantalones cuyo corte acabe en la parte más gruesa de tus piernas, ya sean los muslos, las rodillas o las pantorrillas. También en este caso los tacones hacen las piernas más delgadas, así que utiliza zapatos con un pequeño tacón que te resulte cómodo. Las mallas ajustadas no le quedan bien a nadie que tenga más de ocho (aplicable tanto a años como a kilos).*

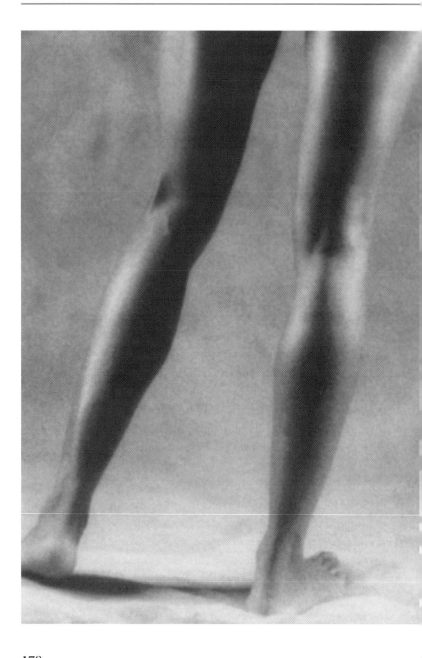

41

Aliviar el síndrome premenstrual

Diez trucos magníficos para combatir esos días del mes.

Los síntomas premenstruales acaban con toda seguridad con cualquier plan para ponerse estupenda. Odiado por las mujeres y temido por los hombres, el síndrome premenstrual es sinónimo de grandes braguitas, el bote de las galletas y un muy mal humor.

Como todos sabemos, nuestro estado de ánimo y nuestro aspecto por lo general van de la mano. Un buen ejemplo de ello son esos horribles, hinchados y absolutamente lamentables días que las mujeres pasamos todos los meses. Pero en lugar de convertirte en Cruella DeVil, procura controlar tu dieta, hacer algo de ejercicio, poner en práctica algunas técnicas de relajación y mimarte. Te sentirás mejor y por lo tanto todos los que te rodean.

HAZ EJERCICIO

Seguramente habrás utilizado más de una vez la excusa "estoy en esos días del mes" para auto justificarte, pero lo cierto es que el hecho de practicar ejercicio ayuda a aliviar los síntomas premenstruales. Durante los días inmediatamente anteriores al periodo, se produce un incremento del estrógeno, lo que puede favorecer la retención de líquidos con el consiguiente estado de hinchazón y letargo. La práctica de ejercicio mejora la circulación y contribuye a liberar este exceso de fluidos. Además, al mejorar la circulación sanguínea en la zona abdominal se reducen los "pinchazos", por lo que debes realizar algunos ejercicios que trabajen esta zona para aliviar los dolores menstruales.

Una buena idea

Añade una o dos gotas de aceite de geranio al agua caliente del baño y sumérgete durante un buen rato. Según los expertos en aromaterapia, tiene un efecto equilibrante del sistema hormonal.

CUÍDATE LA PIEL

Los cambios hormonales premenstruales pueden alterar la producción de grasa, lo que hace que la piel esté más grasa y sea más propensa a que aparezcan granos. Algunas mujeres que toman la píldora han observado que esto les ayuda a reducir la aparición de granitos. Si no es tu caso, adquiere un buen tratamiento que no requiera receta médica o prueba con el aceite del árbol de té, un gran anti bactericida natural. Mantén tu piel meticulosamente limpia y tapa los granitos con un poco de cubre manchas del mismo tono que tu piel o con un poco de base de maquillaje de la parte seca que queda en el tapón del envase.

SÉ BUENA CONTIGO MISMA

Algunos expertos creen que los cambios hormonales mensuales afectan a las endorfinas del organismo (calmantes naturales). Por esta razón algunos tratamientos como la depilación mediante cera pueden resultar más dolorosos, por la que puedes sentir ansiedad, sentirte deprimida o sufrir insomnio. Hazte la depilación con cera caliente antes o después de esos días del mes, cuando te recuperas antes, y durante esos días acude a un masajista, a hacerte la pedicura o sométete a una estupenda sesión de peluquería para mejorar tu humor.

CAMBIA TU DIETA

Las grasas Omega-3 regulan el funcionamiento hormonal y además se ha descubierto que contribuyen a aliviar los síntomas premenstruales. Por lo tanto, come pescado como el salmón, la caballa o el arenque.

La reducción de la ingesta de trigo contribuye a aliviar la hinchazón. En el caso de los revueltos y ensaladas, cambia la carne por alimentos basados en la soja como el tofu, ya que son ricos en isoflavonas que contribuyen a regular los desequilibrios hormonales. El tofu también es rico en magnesio y calcio, que poseen efectos anti inflamatorios.

Los estudios realizados han demostrado que la falta de magnesio puede producir o exacerbar los síntomas premenstruales y que la ingesta de alimentos ricos en magnesio alivia la retención de agua, los dolores de cabeza, los cambios de humor, el cansancio y los dolores menstruales. Entre estos alimentos se encuentran las verduras de hoja verde y los frutos secos; tómalos junto con alimentos ricos en proteínas como la carne, el pollo y el pescado, y con alimentos ricos en calcio para favorecer la absorción.

TEN CUIDADO CON EL ALCOHOL

Parece ser que el alcohol pasa más rápidamente al flujo sanguíneo justo antes del periodo y tarda más en metabolizarse, por lo que es más probable que te emborraches. Bebe mucha agua (un vaso por cada copa de alcohol) y no olvides comer mientras tomas alcohol. Cambia el vino barato por una sola copa de un delicioso vino caro y así evitarás la resaca en la cabeza (y en la cara).

BEBE TONELADAS DE AGUA

El agua contribuye a aliviar la horrible retención de fluidos. Recorta la ingesta de sal ya que cuanta más sal consumas, más agua retendrá tu cuerpo para evitar la deshidratación; aliña la comida con perejil o zumo de limón. Procura también cambiar la cafeína por algún té herbal.

TOMA SUPLEMENTOS

Está demostrado que los suplementos de calcio combinados con magnesio contribuyen a aliviar los dolores menstruales y además pueden mejorar también los problemas de retención de agua. Los complementos vitamínicos de vitamina B6 también producen el mismo efecto. Se cree que mejora el decaimiento del estado de ánimo porque aumenta los niveles de la serotonina, una sustancia química que contribuye a animarte.

La frase

"Las mujeres se quejan del síndrome premenstrual, pero yo lo considero el único momento del mes en que puedo ser yo misma".

ROSEANNE BARR

SOMÉTETE A UNA TERAPIA PARA LOS PIES

La reflexología también puede ser muy efectiva. Los estudios realizados han demostrado que las mujeres que se habían sometido a tratamientos de reflexología en orejas, manos y pies durante dos meses experimentaron una reducción significativa de los síntomas premenstruales. Además, también comprobaron que se sentían mejor los dos meses posteriores a la terapia, por lo que también tiene efectos de larga duración.

LIBERA EL ESTRÉS

El cansancio y el estrés pueden provocar los síntomas premenstruales o incluso empeorarlos. Date el capricho de que te den un masaje o pasa un día en un balneario. También puedes pasar un agradable día en casa; desconecta el teléfono, enciende algunas velas de aromaterapia y acurrúcate frente al televisor.

ACUÉSTATE PRONTO

Tu sueño reparador puede verse afectado negativamente antes de empezar con el periodo debido a un descenso de las hormonas que favorecen el sueño profundo. Procura irte antes a la cama y para ayudarte a dormir toma un té de camomila o un vaso de leche con una cucharada de miel o coloca una poco de lavanda bajo la almohada. Los remedios naturales como la valeriana o la flor de la pasión también pueden servirte de ayuda.

¿Cuál es tu duda?

P Me duele mucho la espalda cuando tengo el periodo. ¿Hay algún ejercicio que me ayude a aliviar el dolor?

R *Prueba con la posición de yoga conocida como la Pose del niño. Ponte de rodillas en el suelo, separándolas ligeramente, y siéntate sobre los talones. Colócate una toalla enrollada sobre los muslos, échate hacia delante y apoya la frente en el suelo. Relaja los brazos a ambos lados del cuerpo, con las palmas de las manos hacia arriba. Mantén esta posición durante al menos treinta segundos, respirando profundamente.*

P ¿Por qué siento unas ganas desmedidas de comer chocolate justo antes del periodo?

R *Las mujeres con síntomas premenstruales tienen niveles más bajos de serotonina (conocida como el "Prozac natural"), una sustancia química que libera el organismo y que hace sentirse bien. La necesidad de ingerir alimentos dulces es una forma de reemplazarla. Existe otra teoría que defiende que es más probable que desciendan los niveles de azúcar en sangre debido a los desequilibrios hormonales, por lo que se tiende a tomar alimentos dulces como fuentes inmediatas de energía. El mejor consejo que puedo darte es que comas poca cantidad y a menudo, que tomes muchas proteínas para llenarte y que elijas alimentos sanos como fruta, galletas saladas y yogurt. Si no puedes evitarlo, toma chocolate de buena calidad o helado orgánico.*

P ¿Cómo puedo aliviar el dolor de los pechos?

R *Prueba con el aceite de prímula, ya que se ha descubierto que hace que el pecho sea menos sensible a los cambios hormonales. También puede servirte de ayuda reducir la ingesta de grasas saturadas, presentes en los pasteles, carnes y dulces.*

42

Crear curvas

Una cintura delicada tiene un gran atractivo sexual. Aquí descubrirás cómo esculpir, reafirmar y modelar la tuya en unas semanas.

Los estudios demuestran que la zona de las caderas y la cintura (formando curvas de proporciones adecuadas) es un barómetro del atractivo sexual de una mujer más importante que el tamaño de sus pechos.

El problema es que hoy en día estamos obsesionadas con los pechos. Sabemos el tamaño de nuestros pechos, la talla de sujetador de nuestras amigas, de nuestras compañeras de trabajo y de prácticamente todas las actrices de Hollywood y mujeres conocidas que salen en la televisión.

Cuando nuestras madres eran jóvenes, el tamaño del pecho era la única estadística que merece la pena comparar. Mi madre siempre recuerda el hecho de que cuando se casó tenía 54,5 centímetros de pecho (ya me gustaría a mí tener 54,5 centímetros de muslo). En aquel entonces la medida del pecho servía para cuantificar el atractivo de una mujer, junto con una intachable reputación y unos tobillos bonitos. En comparación, ¿cuántas de nosotras conocemos el tamaño de nuestro pecho?

Pues deberíamos porque a los hombres de todas las culturas les gustan las mujeres con los pechos pequeños; para ser más exactos, las mujeres con una proporción cadera – pecho del 0,7, es decir, un pecho de un tamaño un 70 por ciento más pequeño que las caderas. ¡Y esto no implica necesariamente que la mujer sea delgada! Piensa en Sophia Loren y en Marilyn Monroe. Aunque un estudio reciente sobre las páginas centrales de *Playboy* demostró que los pechos de las mujeres son ligeramente más grandes, las curvas aún mantienen su posición hegemónica.

La razón es biológica. Una cintura pequeña que desciende de forma sinuosa hasta unas caderas generosas es sinónimo de fertilidad y juventud: es un indicativo de que la mujer tiene niveles elevados de estrógenos y niveles reducidos de testosterona. De hecho, los estudios realizados a pacientes sometidas a procesos de fecundación in vitro han demostrado que las mujeres con una proporción caderas – cintura de más de 0,8 tenían menos posibilidades de concebir. (Según parece, el hecho de tener el dedo índice un par de centímetros más largo que el dedo anular es otro signo de fertilidad).

Lo curioso acerca de las caderas es que su tamaño es en gran medida hereditario; tus caderas pueden conferirte la forma de una manzana, de un reloj de arena o de una pera. Sin embargo, la buena noticia es que puedes perder unos dos centímetros y medio en la zona de la cintura perdiendo un poco de peso y haciendo algunos ejercicios que trabajen esta área.

Una buena idea

Adquiere un buen corsé. Cualquier cosa que te realce el pecho y te estreche la cintura obrará maravillas en tu valoración en el dormitorio.

Los mangos del amor simplemente desaparecerán, pero primero tienes que deshacerte de la grasa. Los expertos dicen que cuando la cintura mide entre 81 y 89 centímetros, es que tienes sobrepeso. Si este es tu caso, tendrás que seguir una dieta baja en grasas y en calorías y hacer entre tres y cinco sesiones semanales de ejercicio cardiovascular como correr, bailar, pedalear o caminar a buen paso.

EJERCICIOS PARA MODELAR LA CINTURA

Giros de cadera

Túmbate sobre la espalda con las rodillas flexionadas, los pies bien apoyados en el suelo y los dedos de las manos sobre las orejas. Contrae los músculos abdominales y levanta lentamente el torso del suelo. Cuando ya no puedas elevarlo más, contrae los músculos laterales y gírate hacia la izquierda. Después vuelve a apoyar el torso en el suelo y repite el ejercicio con el otro lado. Realiza tres series de diez con cada lado del cuerpo.

El puente

Adopta la posición para hacer abdominales, apoyándote en los codos. Tensa los músculos del estómago hacia dentro en dirección a la columna vertebral,

manteniendo los glúteos hacia abajo y la columna recta. Mantén esta posición todo el tiempo que puedas, prestando atención a no arquear la espalda. Para que te resulte más fácil, deja caer el peso sobre las rodillas. Mantén la vista en el suelo en todo momento. Mantén la posición durante treinta segundos y repite entre tres y cinco veces.

Apoyos laterales horizontales

Túmbate sobre el costado izquierdo, apoyándote en el brazo izquierdo, con las piernas estiradas y el pie derecho sobre el izquierdo. Levanta lentamente la pelvis del suelo mientras apoyas el peso del cuerpo sobre el antebrazo y el pie izquierdo. Mantén la posición (con el otro brazo al lado del cuerpo) durante diez o quince segundos sin bajar la pelvis. Repite cinco veces con cada lado.

¿Cuál es tu duda?

P ¿Hay alguna disciplina que se centre en trabajar la cintura?

R *Pilates y el yoga se centran en los músculos centrales, es decir, en los músculos abdominales profundos que forman el corsé interior. Actualmente la danza del vientre es lo que está de moda. ¿Has visto alguna vez a una bailarina de la danza del vientre que tenga forma de manzana? También puedes utilizar una hoola hoop; algunas mujeres que lo utilizan después de dar a luz creen ciegamente en él aunque es más difícil de utilizar de lo que parece.*

P ¿Cómo puedo disimular la cintura?

R *No utilices nunca camisas o vestidos demasiado sueltos, como si fuesen sacos. Por el contrario, usa vestidos con cintura y faldas, combinándolas con camisetas que se anuden a la cintura. Utiliza tejidos con caída, ya que pueden hacerte parecer unos cuantos kilos más delgada. Los escotes grandes en V, que desvían la atención hacia abajo y hacia "adentro", también pueden ayudarte mucho. Los cinturones anchos, las chaquetas con corte bajo el pecho y los vestidos anudados a la cintura también reducen, dividen y separan la cintura. Las camisas con forma de corsé sin varillas (con cordones opcionales) también pueden sentarte bien. Evita las chaquetas cortas tipo torera porque hacen más gruesa.*

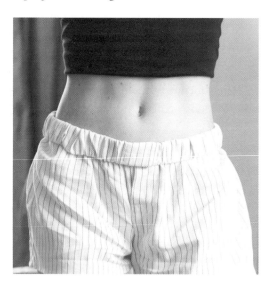

43

Maquillarse para una fiesta

Cómo alcanzar el estado de ánimo, el aspecto y la actitud necesaria en unos minutos, y cómo recuperarse de las fiestas cuando son intensas.

Una vida social activa puede mejorar tu sistema inmunológico y hacerte más feliz y positiva. Pero necesitas energía y tener una cara de fiesta para obtener las ventajas.

ANÍMATE

Ya sabes de lo que hablo. Hay ocasiones en que no te sientes con ganas de salir y además hay una vocecita dentro de ti que te sugiere que es una noche estupenda para pasarla delante del televisor tomando comida rápida. Prueba con estos "animadores" naturales para silenciar ese alter ego aguafiestas y ponte el abrigo.

Date una ducha de agua fría para activar la circulación y aumentar tus niveles de energía. Alternativamente, mantente tres minutos bajo el chorro de agua caliente y después un minuto bajo agua fría y repite este proceso tres veces.

¿Sientes ansiedad? Prueba a estimular el punto de acupuntura que hay en la parte superior de la cabeza y que puede restaurar el equilibrio emocional y aliviar la ansiedad. Para localizarlo, busca primero la parte más elevada de la cabeza: en punto que está justo en el medio, a medio camino entre las orejas. Con las dos manos sobre este punto, muévelas dos dedos hacia izquierda y derecha y aplica una ligera presión con los dedos índice y corazón de cada mano durante un segundo; después suelta. Sigue haciéndolo durante un minuto aproximadamente.

Prepara los pies para una noche de fiesta con un delicioso tratamiento mentolado. Mezcla media taza de sal marina, tres rodajas de lima, unas cuantas hojas de menta y cinco gotas de aceite esencial de lima. Añade esta mezcla a un barreño de agua caliente y pon los pies en remojo durante cinco minutos, sécalos bien e introdúcelos en esos zapatos de tacón.

Una buena idea

Toma canela para aliviar la diarrea y las nauseas de la mañana siguiente. La canela también ayuda a descongestionar las fosas nasales y tiene un gusto exquisito espolvoreada en un cuenco de caldo o sobre una tostada.

LOOK DE FIESTA

Pelo de fiesta

El look con el pelo alborotado es fácil de conseguir y dura más tiempo que un peinado con el pelo liso como una tabla. Si tienes el pelo ondulado, simplemente sécatelo estrujándolo cuando está húmedo y fíjalo con un poco de laca suave. Si tienes el pelo liso, ponte los rulos con el pelo mojado o intenta enrollarte pequeños mechones en un dedo y fijar el rulo a la altura del cuero cabelludo. Déjalos actuar durante diez minutos, retíralos y pulveriza con laca. Levanta un poco el pelo en la raíz y añade otra capa de laca suave.

Ojos de fiesta

Este es un look válido para ir a una fiesta directamente desde la oficina ya que no tendrás que quitarte el maquillaje primero. Necesitarás un lápiz de ojos o sombra de ojos gris o negro. Mezcla con el dedo un poco de crema de ojos o de sombra de ojos gris, o un poco de brillo sobre el delineador o sombra de ojos. Extiéndelo suavemente por la zona que está debajo del hueso de las cejas y difumínalo hacia la parte exterior de los ojos. Después, con un aplicador de esponja, aplícate un poco sombra gris (también puedes utilizar un perfilador de ojos gris) paralelamente a la línea de las pestañas superiores e inferiores y difumínala hacia el exterior del ojo. Por último, aplícate una cantidad generosa de máscara negra en las pestañas y un poco brillo de color claro (no te pases con la barra de labios porque si no parecerá que vas disfrazada para el Carnaval).

Mejillas de fiesta

Para modelar tu cara y definir las mejillas y la mandíbula, mezcla un poco de brillo líquido (una gota del tamaño de un cacahuete) con tu base de maquillaje y aplícate la mezcla en la parte superior de las mejillas, a lo largo de la mandíbula (evitando la zona de la barbilla) y en las sienes. Para conferirles profundidad y calidez a las mejillas, aplícate bronceador debajo de ellas con cuidado de que no queden líneas.

SOS para la fiesta

¡Come antes de salir! Además, lleva extracto de cardo lechero contigo ya que es un antioxidante muy efectivo que contribuye a fortalecer el hígado y a metabolizar las toxinas, como por ejemplo el alcohol.

La frase

"Si no escuchas cosas pecaminosas y no hablas sobre cosas pecaminosas, nunca te invitarán a una fiesta".

Oscar Wilde

Trucos para después de la fiesta

A continuación se mencionan unos trucos que valen la pena poner en práctica antes de irse a la cama.

* Toma un suplemento de alcachofa. Contiene cinarina, un ingrediente activo que ayuda al hígado a metabolizar los alimentos y el alcohol consumidos en la fiesta estimulando la producción de bilis.

* Toma una píldora de vitamina C. La vitamina C ayuda a combatir el daño producido por los radicales libres que causa el alcohol.

* Toma una píldora de vitamina B. El alcohol destruye la vitamina B, que es necesaria para el funcionamiento del cerebro, para tener energía y para aliviar la ansiedad y la depresión.

* Bebe mucha agua para rehidratar ese pobre cuerpo.

* Límpiate el maquillaje y aplícate una hidratante para no levantarte con la cara llena de manchas.

¿Cuál es tu duda?

P   ¿Hay alguna sugerencia para el desayuno cuando se tiene resaca?

R   *Los huevos contribuyen a aliviar la resaca ya que contienen cisteína, que destruye las sustancias químicas destructivas que se acumulan en el hígado cuando se metaboliza el alcohol. Tómalos con una tostada de pan integral y un poco de mantequilla (para tomar carbohidratos que confieren energía). Toma también un vaso de zumo de naranja, rico en vitamina C que contribuye a acelerar la metabolización del alcohol y a destruir los radicales libres. Toma el huevo a la plancha en lugar de frito: ¡te ahorrarás un montón de grasa!*

P   ¿Hay algo que te fortalezca en esas mañanas en que no puedes ni levantarte de la cama?

R   *Deslízate de la cama directamente a la bañera. Sumérgete en la bañera llena de agua caliente con unas gotas de romero, que es un gran estimulante y confiere ánimo. Si te sientes con fuerza, sería mucho mejor que también exfoliaras tu piel y te aplicases un tratamiento facial mentolado, ya que de esta forma tu cara mejoraría al instante.*

44

El cuidado inteligente del pelo

Trucos fáciles para convertir en bueno un día de malos pelos, además de algunos cortes de pelo que te quitan años de encima.

La genética, el clima, las hormonas, la dieta y los productos capilares (demasiados, no los suficientes o los equivocados) pasan factura. Tanto si tienes el pelo rizado, como liso o encrespado, necesitas ayuda profesional.

Hemos hecho el trabajo duro por ti, así que prueba estas soluciones de valor incalculable para solventar los dolores de cabeza diarios que te producen tus problemas con el pelo.

CÓRTATE EL PELO

Cortarse el pelo de manera regular (cada seis u ocho semanas) es la mejor forma de mantenerlo en condiciones óptimas. Cada pelo de la cabeza tiene su propio ritmo de crecimiento, por lo que en cuestión de unas semanas el pelo puede estar desigual y desaseado. Las puntas se abren cuando las capas del pelo se separan debido a los productos químicos, al clima o al calor excesivo al que se le somete para marcarlo. Puedes reparar las puntas abiertas con un acondicionador permanente, pero el efecto solo es temporal. El pelo crece aproximadamente unos 0,9 centímetros al mes, por lo que recuperará su longitud original en poco tiempo. Un buen corte de pelo hace que el pelo parezca más denso, sano y brillante.

Una buena idea

Una cola de caballo alta te hará parecer unos cuantos años más joven ya que contribuye a levantar la cara. Los flequillos también causan el mismo efecto, además de que resaltan las mejillas. Las mechas claras alrededor de la cara también rejuvenecen ya que iluminan y alegran la complexión del rostro.

LA MEJOR FORMA DE SECARSE EL PELO

Primero sécate el pelo con una toalla. Si tienes el pelo muy fino, aplica el acondicionador solo en la puntas porque si lo haces desde la raíz solo conseguirás que quede más lacio. Pulveriza un poco de gel en las raíces y distribúyelo homogéneamente frotando con los dedos. Para que no se encrespe, aplícate una pequeña cantidad de bálsamo suavizante en lugar de gel, que puede secar más el pelo.

Para darle volumen, aplícate espuma (una bola del tamaño de una pelota de golf). También puedes probar a envolver las capas superiores del pelo en dos grandes rollos de Velcro cuando el pelo esté seco al 95 por ciento y después termina de secarlo con el secador.

Espera hasta tener el pelo casi seco antes de utilizar el secador ya que así le causarás menos daño; el pelo pierde hasta el 30 por ciento de su humedad cuando se seca con secador de aire.

Sujétate el pelo por partes. Empieza por el pelo de la parte posterior de la cabeza, y sigue con los laterales. Tensa los mechones con un cepillo redondo grande y seca desde la raíz hacia las puntas. Utiliza la boca estrecha del secador para meter las puntas hacia dentro y para levantar el pelo de raíz para darle volumen.

Una idea más

Practica deporte de manera regular para mejorar la circulación sanguínea, que nutre los folículos capilares y hace que el cabello esté más fuerte y sano. Consulta la idea 8, Mueve el cuerpo.

Después de secar cada sección del pelo, aplícale un poco de aire frío para "fijar" el pelo.

Cuando el pelo esté totalmente seco, divídelo en partes. Aplícate un poco de suero tanto si tienes el pelo áspero, largo o rizado. Alternativamente, espera hasta que el pelo se enfríe y después pulverízate un poco de laca sobre las manos y pásatelas por el pelo.

Idea clave

"El estilismo del pelo de una mujer es un indicativo definitivo de si realmente se conoce a sí misma".

HUBERT DE GIVENCHY

TRUCOS PARA EL CABELLO RIZADO O ENCRESPADO

El pelo se encrespa como resultado de un exceso de calor, del sol y de los productos químicos que se utilizan para decolorar, aplicar tintes, alisar o rizar el cabello.

Utiliza acondicionadores con pantenol y silicona, que hacen que la cutícula no se levante y le confieren al pelo un aspecto más suave, liso y brillante.

Si tienes el pelo liso o lacio, aplícate siempre un acondicionador después de lavarlo con champú y compra un acondicionador completo. Aclárate muy bien pelo para eliminar todos los restos de champú y acondicionador; si no lo haces, quedará muy lacio. Sabrás que has eliminado todos los restos de producto si al pasarte la mano por el pelo este tiene un tacto suave y sedoso.

No utilices nunca demasiada cantidad de acondicionador aunque tengas el pelo áspero. La cantidad adecuada para una melena a la altura del hombro es la del tamaño de una almendra, menos cantidad si el pelo está más corto.

Frótate el pelo con una toalla para absorber el exceso de humedad. Para desenredar el pelo rizado sin romperlo utiliza un peine de púas separadas; también te servirá para que te quede menos encrespado. Cualquier otro tipo de peine puede romper el pelo y dejar las puntas abiertas.

Aplícate un producto protector antes de secarte el pelo con secador para evitar que se deshidrate y utiliza el difusor y los dedos para abrirlo suavemente mientras te lo secas. Procura no utilizar cepillos ni peines, porque estos dejan el pelo encrespado. Cuando termines de secártelo, vierte unas gotas de suero sobre las palmas de tus manos y extiéndetelo por el pelo para poner en su sitio los mechones rebeldes y mantener la humedad del cabello.

Idea clave

"No me ofenden los chistes sobre rubias tontas porque sé que no soy tonta. Y también sé que no soy rubia".

DOLLY PARTON

Idea 44. Cuidado inteligente del pelo

P Tengo el pelo muy fino. ¿Qué puedo hacer para darle un poco más de volumen?

R *Por desgracia, has escogido el palito corto. No hay nada que puedas hacer para que el pelo fino tenga más volumen de manera permanente. Es algo genético, al igual que el color, el tacto, los rizos y el pelo liso. Asegúrate de comer suficiente cantidad de alimentos ricos en proteínas, como carne, pescado, tofu y productos lácteos, ya que contribuyen a fortalecer el pelo. La mejor forma de darle volumen al pelo fino es mediante la utilización de productos: lávatelo con un champú de volumen, utiliza un acondicionador que no necesite aclarado para levantar la raíz y aplícate geles y espumas que le confieran cuerpo. Los pelos rizados y ondulados tienen más cuerpo que los pelos lisos, así que prueba con diferentes estilos y tipos de rulos. Las mechas y los tintes pueden conferirle al pelo una textura que simule más volumen. Por último, córtate el pelo con regularidad, ya que las puntas abiertas hacen parecer el pelo más fino y dañado.*

P ¿Cómo puedo conseguir que el marcado me dure más tiempo?

R *Antes de ducharte, sujétate el pelo hacia arriba con una pinza u horquilla y utiliza un gorro de ducha; aunque no te gusten, estos gorros son muy útiles porque retienen el calor, lo que contribuye a levantar las raíces. No te sueltes el pelo hasta que estés completamente seca. Procura que no se moje por todos los medios, ya que la humedad hará que pierda el marcado o se rice, así que lleva siempre contigo un paraguas o un gorro para el agua (sí, ya lo sé, pero es práctico).*

45

Mímate

Por qué los maravillosos caprichitos femeninos (lencería de seda, alimentos tentadores, productos de belleza en preciosos envoltorios) son beneficiosos para el alma.

Los placeres sensuales están intrínsecamente vinculados a la salud emocional, sin la cual nunca alcanzarás un esplendor auténtico. Por lo tanto, lanza la precaución por la ventana y permítete algunos caprichos, sin pasarte con el desenfreno.

Ya sé lo que estás pensando: ser indulgente con una misma no ayuda a perder kilos ni a reafirmar los glúteos fofos. ¡Comerse ese enorme pastel de crema no le hará ningún bien a tu piel ni te adelgazará los muslos! Gastarse una fortuna en una barra de labios de Chanel, aunque combine perfectamente con ese vestido de diseño caro y con esos ridículos zapatos incómodos, solo conseguirá dejarte prácticamente sin un céntimo y comida por el remordimiento; ¿y después qué?

Relájate. Existen numerosos estudios que demuestran que negarse los caprichos a una misma conduce a la rebeldía y que la culpa es perjudicial para tu bienestar y para tu sistema inmunológico. La misma cantidad de estudios demuestran que el hecho de darse algún capricho de manera regular reduce el estrés y alivia la depresión y hace maravillas con la autoestima, el estado de ánimo, las relaciones y la salud. En el caso de que alguna de las lociones y cremas, tratamientos y placeres sensuales que te has permitido te hagan tener el más mínimo sentimiento de culpa, considéralos como algo sumamente beneficioso para tu bienestar que te ayuda a sentirte más atractiva y saludable.

A continuación se mencionan algunos placeres que te ayudarán a estar estupenda y que no deben hacerte sentir culpable.

Una buena idea

Hazte la firme promesa todos los días de que saborearás los pequeños (y gratuitos) placeres. Por ejemplo, descálzate para andar sobre la hierba húmeda, admira una vista bonita, acaricia algo delicioso con las manos o escucha música que te levante el ánimo. Absorbe la sensación y deja que el placer fluya por tu cuerpo.

UNA FIESTA PARA LOS OJOS: ROPA INTERIOR DE SEDA

La ropa interior de seda ayuda a adoptar una postura corporal correcta y es beneficiosa para la vida amorosa, y por lo tanto para la longevidad y la felicidad a largo plazo. Solo tienes que asegurarte de que sea de tu talla y de que sujeta adecuadamente todas las partes necesarias. Lo ideal es que un profesional te tome las medidas (visita www.rigbyandpeller.com).

UNA FIESTA PARA LA PIEL: TRATAMIENTOS DE BELLEZA

Deshazte de ese sentimiento de culpa: todos son beneficiosos. Las terapias corporales te ayudan a tener mejor aspecto, a ser más consciente de tu propio cuerpo y aumentan las posibilidades de que lo cuides. Los masajes son estupendos para la espalda, la piel y el carácter; la pedicura alivia el dolor de pies, lo que puede redundar en la adopción de una postura mejor; la aromaterapia tiene efectos muy completos, y así por ejemplo contribuye a combatir el insomnio, la depresión, la ansiedad y el estrés. Uno o dos tratamientos al mes no mandarán a pique tu cuenta del banco, ¿no crees?

UNA FIESTA PARA TODOS LOS SENTIDOS: SEXO

El sexo te hace más atractiva y parecer más joven. Los expertos dicen que cuantos más orgasmos tengas, más joven serás. Un estudio demostró que las personas que practicaban sexo tres veces a la semana parecían diez años más jóvenes que las personas que lo practicaban con menor frecuencia. Es un ejercicio aeróbico estupendo, mejora la circulación y la piel. Ayuda al organismo a liberar sustancias químicas placenteras, lo que sirve de protección contra la depresión. También es estupendo para cargar al máximo los niveles de energía. Los expertos en salud afirman que practicar el sexo de manera regular está relacionado incluso con la disminución del riesgo de padecer cáncer de próstata o de pecho. También es esencial para las relaciones: es el cemento que te une a tu pareja. Una relación amorosa estable puede ayudarte a sentirte y a parecer hasta siete años más joven.

UNA FIESTA PARA LA LENGUA: LA COMIDA

Los expertos en nutrición odian la idea de auto denegarse algo, ya que nos conduce al pensamiento dañino de "todo o nada" de forma que cuando somos indulgentes con nosotros mismos sentimos que hemos fracasado y que nos hemos equivocado y por tanto nos sentimos culpables y nos lo reprochamos. Todo ello es negativo para la auto estima.

Por el contrario, ellos hablan de "restricciones flexibles" como el mejor método para seguir una alimentación sana y controlar el peso a largo plazo. De esta forma se limita en gran medida el pensamiento de "todo o nada" y las consiguientes recaídas e ingestas excesivas, e implica que estarás satisfecha con poder tomar pequeñas cantidades de tus alimentos favoritos porque sabes que podrás tomar un poco más en otro momento en lugar de tener que considerar una ocasión especial como la "última vez". Prueba a tomar una copa de champagne, unas trufas caras, unos corazones jugosos de alcachofas o unas cuantas patatas fritas crujientes. No pienses en las calorías que estás ingiriendo ni en comer todo lo que quepa en el plato. Céntrate en la sensación y te darás cuenta de que te sientes satisfecha con una simple pizca sin necesidad de tomar una gran cantidad. Siéntate, cierra los ojos y saborea cada bocado...

La frase

"El placer en sí mismo no es un vicio".

SAMUEL JOHNSON

¿Cuál es tu duda?

P Me gusta tu teoría, pero ¿qué pasa si ese capricho diario se convierte en doce al día?

R *No te mates de hambre para compensar porque de esa forma acabarás en una espiral descendente y puede que te lances a disfrutar de una bacanal descomunal. Por el contrario, adopta la decisión de tomar fruta y verdura fresca después de un día de excesos (tómalos como plato fuerte de cada comida en lugar de tomar carne, un pastel salado, etcétera). Bebe mucha agua. Elige alimentos más sanos o bajos en grasa, como pescado en lugar de un filete o un pastel de grosellas en lugar de un* *sándwich de bacon antes de irte a la cama. En lugar de pensar que tienes que compensar la ingesta voraz desenfrenada del día anterior, ten en cuenta que vas a llenar tu cuerpo de alimentos puros, frescos y que te proporcionan energía: es un plus, no una auto denegación.*

P Me gusta tomar una copa e ir de fiesta y por lo que dices, eso no es malo. ¿Hay alguna opción un poco más sana?

R *Cambia la piña colada por un margarita y te ahorrarás más de 100 calorías. En lugar de tomar perritos calientes, opta por las aceitunas, la salsa dip y el salteado de pollo (pero sin la salsa). No te "prohíbas" nada; simplemente limítate a hacer elecciones más "sabias". Los corazones de alcachofa, la crema de yogurt griego y algunas frutas son muy placenteras además de sanas.*

46

El poder de la vitalidad

Descubre el secreto de esa especial alegría de vivir que hará que tus ojos brillen y todo tu cuerpo irradie esplendor.

Puede que estés arreglada para las nueve, y que acabes de salir del salón de belleza, pero si te sientes deslucida no tendrás el mejor aspecto posible.

La definición de vitalidad que aparece en el diccionario es "el poder de permanecer vivo, vigoroso; viveza, energía, durabilidad". Personalmente, creo que es una combinación de energía, viveza y una pasión por la vida que se traduce en ver la parte positiva de cualquier cosa y buscar las emociones más intensas de la vida. Se trata de los placeres sensuales: las cosas que parecen, suenan, saben, huelen y sientan bien sin ser hipercalóricas o ilegales.

A continuación puedes encontrar unos cuantos secretos de vitalidad que deberías probar hoy mismo.

Practica más el sexo

Un estudio realizado demostró que las personas que practicaban el sexo tres veces a la semana parecían considerablemente más jóvenes que las que lo practicaban con menor frecuencia. El sexo es estupendo para la circulación, libera endorfinas que te hacen sentir bien y te mantienen contenta y contribuye a estrechar el vínculo con tu pareja.

Toma alimentos deliciosos

Opta por alimentos saludables y decadentes, como alcachofas, fresones, puntas de espárragos y chocolate orgánico. Las investigaciones demuestran que los hombres prefieren a las mujeres de tamaño medio con buen apetito, así que conjuga esto con el truco anterior.

Haz ejercicio de manera regular

Baila, corre o nada tres veces a la semana: cualquier cosa que requiera que muevas el cuerpo es beneficioso para ti. Después de veinte minutos de ejercicio, el cuerpo produce endorfinas. El deporte también es estupendo para aumentar la confianza en ti misma y mejorar tu imagen.

Sal a jugar

Permítete algún ritual femenino de forma regular: toma largos baños aromáticos a la luz de las velas, hazte la pedicura, utiliza vestidos vaporosos en verano, date un paseo sobre unos caros zapatos de tacón o disfruta de una fiesta nocturna con tus amigas.

Sal más

Sal a disfrutar del aire libre: es una actividad que levanta el ánimo con toda seguridad. Rodéate de zonas verdes o llena tu casa de flores; los estudios demuestran que el hecho de colocar flores frescas recién cortadas en la oficina también mejora la productividad.

Cuida tus extremidades

Unos pies doloridos encerrados en unos zapatos incómodos pueden radiar el dolor hacia las piernas y hacer que todo tu cuerpo se sienta dolorido y desfavorecido. Sométete a un tratamiento de reflexología o a una buena sesión de pedicura. También puedes probar con un masaje indio de la cabeza; es relajante, revitalizador y puedes disfrutarlo durante el descanso para comer.

Una buena idea

Graba tu propia cinta o CD revitalizador. Elige tus canciones favoritas que te transmitan energía y ánimo y escúchalas en el coche, mientras paseas por el parque o antes de asistir a una reunión importante. ¡Te proporcionará alegría al instante!

Rodéate de cosas bonitas

Deléitate con un cuadro bonito, pasa el día en un museo o una galería o compra entradas para asistir a la ópera o a un ballet. Considéralo como un tratamiento para el rostro del alma.

Reduce la ingesta de sustancias químicas

Las sustancias químicas someten a tu cuerpo a estrés y te roban energía. Pasa la aspiradora con frecuencia, utiliza un filtro para el agua, deja que la ropa se seque al aire libre, consume alimentos orgánicos siempre que puedas permitírtelo y utiliza productos de limpieza libres de sustancias químicas siempre que sea posible.

Limpia la casa

Ordenar la casa tiene un efecto increíblemente positivo en los niveles de energía. Empieza poco a poco y dedica tan solo unos veinte minutos al día a ordenar un cajón, una estantería o un armario de la cocina. Sé drástica: si no te pones una prenda o no has utilizado algún objeto desde hace más de seis meses, deshazte de él.

Inhala esencias mentoladas

El pino, la menta, el eucalipto y el jazmín estimulan la parte del cerebro que te hacen estar alerta.

La frase

"La energía es un deleite eterno".

WILLIAM BLAKE

¿Cuál es tu duda?

P Vitalidad significa comer siempre ensaladas, ¿no es así? Lo siento, no puedo hacerlo.

R *Qué tontería. La vitalidad está relacionada con una alimentación sana, pero también con permitirse caprichos. Comer con placer no implica necesariamente la ingesta de algo con mantequilla o cubierto de chocolate. Simplemente piensa en sabores picantes y en texturas ricas y pegajosas sin perder de vista las calorías. Por ejemplo, cambia los pasteles de crema por un pan de frutas, rico en fibra y hierro; además es más jugoso y sabroso, por lo que no necesitarás untarlo con mucha mantequilla. Las mezclas de frutas que se toman como aderezo pueden ser beneficiosas para ti, pero en su lugar procura tomar migas de pan integral y un poco de azúcar moreno. Espolvoreadas sobre las natillas te proporcionan una importante dosis de calcio. Las indigestas comidas de cazuela también pueden ser saludables: solo debes optar por carnes bajas en grasa y acompañarla con mucha verdura.*

47

Los efectos terapéuticos del agua

Estar en el agua o incluso cerca tiene algo de liberador. Entonces, ¿por qué no zambullirse y refrescarse?

Los romanos sabían bastante sobre el bienestar y se desvestían y bañaban a la menor oportunidad. En la antigüedad, el hecho de limpiarse el cuerpo estaba intrínsecamente relacionado con la limpieza del alma: tomar un baño era un ejercicio espiritual.

El agua ejerce un efecto curativo y rejuvenecedor además de servir para limpiarse, quizá porque recuerda al estado fetal cuando flotábamos en el maravillosamente cálido líquido amniótico o porque el estado de flotación contribuye a aliviar los dolores. El agua fría ejerce un efecto analgésico; hace que el cuerpo segregue prostaglandina, un anestésico natural. Por lo tanto es un método efectivo para relajar los músculos y prevenir la inflamación. El agua caliente mejora la circulación, estimula el metabolismo, mejora el flujo linfático y calienta los músculos, lo que reduce la tensión.

Pero no es necesario estar literalmente en el agua para disfrutar de sus beneficios; el simple hecho de mirar el mar, un lago o unas cataratas levanta el ánimo. De igual forma lo hace el hecho de poner el canal de deportes y observar a los musculosos nadadores en acción. Ya tienes un estimulante...

A continuación puedes descubrir otras terapias con agua.

PRUEBA UN TRATAMIENTO BASADO EN EL AGUA

Talasoterapia. Utiliza el agua marina rica en minerales para mejorar la circulación, reducir el estrés, equilibrar la función tiroidea del organismo, aliviar el dolor muscular y combatir la celulitis. Se aplica mediante numerosas técnicas, desde envolver el cuerpo hasta tomar baños, flotar o chorros a presión.

Terapia de flotación. Tratamiento muy relajante y vigorizante que consiste en flotar en un tanque especial lleno de agua y sales. Puede reducir el ritmo cardiaco y la presión sanguínea.

Una buena idea

Toma dos barreños grandes y llena uno con agua helada y el otro con agua caliente. Introduce los dos pies en el barreño con agua caliente durante dos minutos y después en el agua fría otros dos minutos. Repite este proceso cinco veces, de forma que al final hayas metido los pies tanto en el agua fría como en la caliente un total de diez veces. Resulta muy revitalizante y deliciosamente relajante.

Hidroterapia. Terapia acuática intensiva apropiada para combatir el estrés, la ansiedad, el cansancio y los dolores. Consiste en baños, saunas, corrientes acuáticas, baños de asiento y chorros a presión.

Irrigación por el colon. Baños internos que consisten en introducir agua filtrada por el recto para eliminar todos los restos y toxinas no deseadas (gases, materia fecal y moco intestinal). ¡No es adecuado para las personas apresinvas!

PRACTICA ALGÚN EJERCICIO EN EL AGUA

Deportes acuáticos. Una forma estupenda de quemar calorías y tonificar el cuerpo. El volley playa consume hasta 200 calorías en media hora y el esquí acuático hasta 240.

Natación. Chapotear en una piscina vacía resulta muy relajante, aunque parezca sobrenatural. La natación es un ejercicio muy completo: trabaja todos los grupos musculares principales y no fuerza las articulaciones. Con tan solo diez minutos de ejercicios en el agua se consumen más de 100 calorías. Pruebas diferentes movimientos, apúntate a clases de natación o únete a tu equipo local de natación.

Buceo. Puedes descubrir alguna cueva que explorar u observar la maravillosa vida marina.

Jogging. Ve a la playa, independientemente del tiempo que haga. El hecho de correr por la arena hará que tus mejillas tomen color y además es una forma estupenda de poner en forma los músculos de las pantorrillas.

DISFRUTA DEL AGUA

Deleita tus ojos con una vista marina inspiradora y libérate de las telarañas de tu mente mediante un paseo por la orilla del río o cerca del mar en un día nublado.

Disfruta de la emoción de pasar un día en un parque acuático; es un gran ejercicio y contribuye a liberar el estrés.

Recrea un ambiente marino llenando el cuarto de baño de conchas, de trozos de madera flotante y botellas de cristal de colores y toma un baño relajante. Te transportarás a la playa.

MÍMATE

Por todo el mundo existen balnearios que te ofrecen la posibilidad de darte un capricho. Muchos de ellos ofertan paquetes diarios muy asequibles.

La frase

"El agua es madre y matriz de la vida, madre y medio. No existe la vida sin el agua".

ALBERT VON SZENT-GYORGYL, bioquímico

¿Cuál es tu duda?

P   Tengo la piel seca. ¿Cuál es la mejor forma de que retenga la mayor cantidad de agua posible?

R   *La mejor hora para hidratar la piel es por la noche, ya que es entonces cuando pierde más agua. Untarse una crema acuosa pocos minutos después de tomar un baño contribuye a retener la humedad. Procura no bañarte con agua demasiado caliente, ya que esta podría derretir los lípidos, las sustancias grasas naturales de la piel.*

P   Me encanta nadar, pero ¿qué puedo hacer para no dañar mi pelo?

R   *El cloro de las piscinas seca el cabello, al igual que el sol lo daña, dejándolo enredado, apagado, sin brillo y quebradizo. Puedes utilizar productos especiales para proteger el cabello expuesto al cloro (prueba la crema de Philip Kingsley). Lávate siempre el pelo después de nadar, pero utiliza un champú suave. Utiliza a diario un buen acondicionador para retener la humedad y aplícate un tratamiento acondicionador completo una vez a la semana para restaurar la humedad y elasticidad del cabello. Si vas a la playa, protégete el pelo con un pañuelo o con productos con protección solar. Procura no secarte el pelo con secador y si lo haces procura que el aire no esté demasiado caliente y coloca el secador a cierta distancia de la cabeza.*

48

Saca el máximo partido a tus vacaciones

No hay nada como pasar quince días al sol para sentirse maravillosamente bien, así que ¿por qué no reservar unas vacaciones hoy mismo? Es terapéutico.

La clave para disfrutar de unas vacaciones consiste en sacar el máximo partido posible de ellas, pagando lo menos posible. Aquí tienes cómo.

SIGUE LA DIETA MEDITERRÁNEA

Todas sabemos que las vacaciones mejoran notablemente nuestro aspecto. Normalmente nos encontramos con toda una variedad de deliciosos alimentos nuevos que podemos probar, así que mientras estés de vacaciones haz el esfuerzo consciente de comer mejor: muchos productos integrales, frutas, verduras y proteínas como carne magra y pescado. De esta forma tomarás una amplia gama de vitaminas y minerales.

Convierte la cena en una experiencia especial. Disfruta del placer de poner la mesa y preparar la cena. Si saboreas realmente lo que comes, tomarás menos cantidad ya que el cerebro tarda unos veinte minutos en darse cuenta de que estás llena. Y no leas, ni veas la televisión o estés de pie mientras comes, ni engullas a toda velocidad. La idea es saborear los olores, las texturas y colores de la comida y comer despacio para facilitar la digestión.

Procura también beber más agua. Esto no debería resultarte difícil porque seguro que quieres estar fresca cuando estés en la piscina, pero no olvides beber un vaso de agua por cada copa de alcohol que tomes. Procura además dedicar algo de tiempo al desayuno. Esto tampoco debe resultarte difícil porque es un auténtico placer deleitarse con el desayuno en lugar de tener que salir corriendo hacia el trabajo con un trozo de tostada en la boca. Además los expertos en nutrición afirman que el desayuno es una de las mejores formas de controlar el peso y favorecer el metabolismo.

Una buena idea

Come como si estuvieses de vacaciones en el Caribe y adereza tus comidas caseras con las hierbas y especias que utilizan en la cocinas exóticas. Las especias además constituyen una alternativa muy saludable para la sal. La canela, la pimienta y el clavo proporcionan antioxidantes, el jengibre facilita la digestión y el ajo es beneficioso para el buen estado del corazón.

EXPLORA, CREA, SUEÑA

No hay nada como unas vacaciones en algún sitio exótico y/o romántico para despertar las pasiones. El sol, la comida, la arquitectura, la historia o el paisaje pueden avivar tu imaginación y reavivar tu alegría de vivir. Ten en cuenta todo esto en lugar de limitarte a devorar una novela.

Utiliza tus vacaciones como tabla de lanzamiento de nuevos comienzos. Si estás pensando en cambiar de trabajo o en redecorar una habitación de la casa, las vacaciones son un buen momento para planear la estrategia a seguir. Mientras estás descansando en el sofá, elabora una lista de los asuntos pendientes: las cosas que quieres hacer hoy, este mes, este año, lo que quieres conseguir antes de llegar a los treinta, a los cuarenta, antes de casarte, de envejecer, etcétera. Puede tratarse de ir de safari a África, de perder cinco kilos o de correr una maratón. Este ejercicio resulta muy motivador y además te hace sentir muy bien cada vez que tachas una cosa de la lista. Piensa en las ambiciones que tenías cuando eras más joven. ¿Han cambiado o las has descuidado? Nunca es demasiado tarde para aprender algo nuevo, conocer otro continente, escribir una novela, etcétera. Cuanto más satisfecha te sientas en esta vida, más seguridad en ti misma y felicidad rebosarás, ¡y mucho más atractivo emanarás!

MUEVE ESE CUERPO PLAYERO

Solemos pasar la mayor parte de nuestras vacaciones al aire libre, absorbiendo los rayos del sol. Pero en lugar de unirte quirúrgicamente a una tumbona, procura hacer al menos treinta minutos de actividad extenuante todos los días. Nada, intenta hacer windsurf o bucear, corre por la playa, juega al Frisbee, cualquier actividad que aumente tu ritmo cardiaco. Y aprovecha tus vacaciones para reforzar tu relación; dedicad el tiempo libre a charlar, a pasear para contemplar los paisajes, a iniciar nuevas aficiones juntos o a inspeccionar las sábanas del hotel. ¡Motívate!

¿Cuál es tu duda?

P   ¿Qué puedo hacer para que no me piquen los insectos? Siempre me comen viva vaya donde vaya, ya sea a las Bermudas o a Londres.

R   *Resulta curioso que los mosquitos se sientan atraídos por la ropa de colores llamativos y suelan salir a comer al anochecer, que simpáticamente coincide con la hora de salir a tomar algo. Los mejores insecticidas naturales son las velas de citronela y el aceite esencial de citronela. También puedes utilizar una mosquitera o untarte el cuerpo con un repelente para insectos. Si te pican, utiliza un antihistamínico para aliviar la zona.*

P   ¿Qué pasa con las sandalias de dedo? Siempre me hacen ampollas.

R   *La piel que hay entre el dedo gordo del pie y el dedo de al lado es muy sensible, por lo que no es de extrañar que el roce te irrite la piel y te salgan ampollas. Prueba a untarte un poco de vaselina entre los dedos para evitar que te salgan heridas.*

P   ¿Cómo puedo evitar la depresión post-vacacional?

R   *Planifica otras vacaciones para poco después. Además, organízate para disponer de "tiempo para mí" en las próximas semanas, que puede consistir en asistir a alguna clase a última hora, al gimnasio o quedarse en casa viendo una película con una copa de vino. Llena tu vida diaria de cosas buenas como música, comida y gente divertida, y ordena tu entorno o cambia la decoración de tu dormitorio o tu sala de estar por una más alegre. Sométete a un tratamiento de bronceado durante unas cuantas semanas después de volver ya que el bronceado real empezará a desvanecerse.*

49

Tu propio tocador de belleza

Apela a la mujer glamourosa que llevas dentro de ti y convierte tu dormitorio en un palacio a la última para cuidarte.

En las películas antiguas, las heroínas siempre tenían un tocador rodeado por un cordón cubierto de cepillos de plata, frascos de adorno, grandes esponjas para el colorete y ristras de perlas.

El mío no puede ser más diferente. Es una vieja cómoda con cajones con un hueco para colocar el televisor, sobre la que hay algunos recibos del supermercado y un peine. De todas formas, estoy convencida de que toda mujer debería disponer de un bonito tocador, de una habitación en la que pudiera colocar todos sus productos de belleza femenina y que estuviera decorada con telas de organza, cortinas de cachemira, maravillosos cojines y numerosos aromas.

Los expertos afirman que existe una relación entre nuestro estado de ánimo y nuestro entorno, y el hecho de estar rodeada de cosas bonitas es sin duda relajante y edificante y puede contribuir a fomentar la creatividad.

El hecho de crear tu propio tocador te ayudará a descubrir la diosa que llevas dentro, a disfrutar de la tarea de embellecerte y cuidarte y te dará algo en lo que pensar, en lo que centrarte y que te ayudará a relajarte.

Una buena idea

Para que la iluminación de tu tocador sea más acogedora y confortable, utiliza bombillas de 40 ó 60 vatios, que proporcionan una luz más cálida y suave que las de 100 vatios. Ten siempre a mano velas perfumadas para no quedarte sin ellas cuando te recrees...

Dedica un fin de semana entero a ordenar tu habitación (sobre todo si es como la mía). Comprométete también a dedicar veinte minutos al día a ordenarla, ya que una habitación limpia y ordenada te ayudará a tener las ideas más claras y a estar más centrada. Lo que es más, si tu ropa está limpia, bien planchada y tiene todos los botones bien cosidos y siempre sabes dónde está, se te plantearán menos dilemas sobre qué ponerte. Ordena el cajón de la ropa interior y compra cajas marcadas o cajones con compartimentos para las medias, los pañuelos, las sombras de ojos y las barras de labios.

Coloca las fotos en álbumes o en marcos bonitos en lugar de amontonarlas. Si pones a la vista las fotografías de tus recuerdos felices y de tus seres queridos, serán lo último que veas antes de dormirte. Elije las fotografías en las que estés más favorecida y colócalas en un marco o en un álbum, de forma que puedas recurrir a ellas cuando sientas que flaquea la confianza en ti misma.

Utiliza un revistero para guardar las revistas que incluyan fotos de mujeres con aspectos que te sirvan de inspiración o trucos que puedes intentar, o simplemente ordénalas en un "archivo de buen humor".

Coloca sobre tu tocador frascos de perfumes deliciosos y cepillos de pelo naturales, cuelga telas vaporosas en los respaldos de las sillas y utiliza zapatillas de satén que confieren una elegancia a la antigua.

Para favorecer el descanso, lo mejor es utilizar cortinas que impidan por completo el paso de la luz a través de las ventanas.

Llena tu dormitorio de flores naturales.

Ten a mano cerca de la cama una lima de uñas, crema para las uñas y para las manos y un bote de crema hidratante corporal para aplicarte un poco en los pies antes de acostarte, una libreta y un bolígrafo para la lista de cosas pendientes y un buen libro de lectura para ayudarte a dormir.

Haz de tu cama un lugar cómodo. Utiliza sábanas de algodón suaves y mantas finas que puedas echar hacia atrás. Coloca una lámpara de luz tenue sobre la cama.

Si te has decidido a cambiar la decoración de tu dormitorio, ten en cuenta la posibilidad de utilizar colores apagados como los verdes, azules y violetas claros ya que sugieren tranquilidad y paz, y algún toque de rojo o amarillo que resultan cálidos y brillantes (en la cultura china, el rojo además es el color de la buena suerte).

¿Por qué no crear una zona de vestidor? Busca un panel decorativo de segunda mano para dividir una esquina de la habitación.

La frase

"Es lícito reírse en el dormitorio, siempre y cuando no se señale con el dedo".

HILL DURST, actor cómico americano

¿Tienes el cuarto de baño dentro de la habitación y no tiene ventana? Tendrás que utilizar una luz halógena potente, pero asegúrate de que la instalación incluye un regulador de voltaje en ese oscuro cuarto de baño. Utiliza toallas de algodón egipcio y un albornoz suave como si estuvieses en un gran balneario y decora el baño con grandes plantas tropicales. La alcachofa de la ducha puede servirte para simular un jacuzzi.

¿Cuál es tu duda?

P   Soy un desastre cuando se trata de ordenar mi habitación. ¿Tienes alguna sugerencia?

R   *Compra algunas cestas de mimbre o unas cajas y ponles etiquetas. Si no quieres deshacerte de nada, ordena las prendas en las cajas siguiendo una metodología: una caja para las cosas que te pones solo a veces, otra para las que ya no te pones, otra para las que vas a dar a alguna obra benéfica, otra para las que vas a vender y otra de prendas varias. Si eres de ese tipo de personas que lo guarda todo, tendrás muchas cosas en esta última caja, pero hazte a la idea de que las guardarás durante seis meses y después las reciclarás o te desharás de todo lo que no hayas utilizado.*

P   ¿Cuál es la validez de los productos de tocador y belleza? Todavía tengo algunas máscaras de mi época de estudiante.

R   *¡Cómo se te ocurre! Las máscaras caducan en un periodo de entre tres y seis meses. La humedad que guardan los envases de las máscaras hace de ellos un lugar idóneo para que se desarrollen las bacterias y cada vez que introduces y sacas el aplicador, favoreces su reproducción lo que puede producirte una seria infección en los ojos. Las cremas hidratantes suelen caducar en un periodo de entre tres y doce meses; normalmente la fecha de caducidad se indica en el envase. Si cambia de color o el aceite se separa de los demás componentes, deshazte de ella. Ten cuidado con las esponjas, que debes reemplazar o al menos lavar cuidadosamente con regularidad; una vez a la semana, lávalas con agua jabonosa y deja que se sequen bien. Antes de volver a colocarlas en su lugar, deben estar completamente secas para que no les salga moho.*

50

Los enigmas del cabello

¿Te están saliendo canas? ¿Te pica el cuero cabelludo porque tienes caspa? Respuestas directas para estas cuestiones tan molestas.

Antes de que te lances a comprar el carísimo producto capilar que acaba de salir al mercado, vamos a dejar las cosas claras.

¿QUÉ CAUSA LA SEQUEDAD DEL CUERO CABELLUDO QUE PROPICIA LA CASPA Y CÓMO PUEDO HACER PARA SOLUCIONARLO?

En algún momento determinado, nueve de cada diez personas sufren el problema de la caspa. En realidad la caspa está asociada al cuero cabelludo graso, no al seco. El estrés o una dieta pobre (sobre todo en productos lácteos y vino blanco) pueden interferir en la producción de las secreciones naturales del cuero cabelludo que combaten las bacterias que existen en todos los cueros cabelludos. Las hormonas también influyen en este proceso; puede ser que tu cuero cabelludo y el pelo en sí presenten sus mejores condiciones cuando estás en mitad del ciclo menstrual. Para tratar la caspa, utiliza un champú de farmacia y toma gran cantidad de ácidos grasos esenciales, presentes en el pescado y en las semillas de lino. Si estás estresada, aumenta la ingesta de alimentos ricos en vitamina B6, como la carne, el pan integral y los frutos secos. También puedes consultar a un especialista.

¿ES CIERTO QUE CEPILLARSE EL PELO 100 VECES AL DÍA LE CONFIERE MÁS BRILLO Y BELLEZA?

Me temo que no, pero puede que así fuera en los tiempos en que no existía el champú y los acondicionadores, cuando era necesario cepillarlo desaforadamente para eliminar el polvo, la suciedad y los insectos pequeños. El cepillado del pelo arrastra los aceites acondicionares del cuero cabelludo a los extremos del pelo, pero hoy en día puedes utilizar acondicionadores que no necesitan aclarado o suero para reparar las puntas. De hecho, es probable que cepillarse el pelo en exceso acabe por dañarlo, así que procura cepillártelo solo cuando sea necesario. Utiliza un peine de púas anchas o usa los dedos para darle forma al pelo.

ODIO CORTARME EL PELO PORQUE TARDA UNA ETERNIDAD EN VOLVER A CRECER. ¿QUÉ OTRA COSA PUEDO HACER PARA ACABAR CON LAS PUNTAS ABIERTAS?

Prueba lo siguiente. Separa un mechón de pelo de un centímetro y retuércelo en toda su longitud hasta que veas que las puntas se separan a distintas alturas. Córtalas con las tijeras y repite el proceso con otros mechones de pelo. Admitámoslo, se tarda una eternidad, pero acabarás con las puntas abiertas. Los acondicionadores que no necesitan aclarado "sellan" temporalmente las puntas, pero por desgracia no hay ningún producto que las repare.

Una buena idea

Si se te acaba el champú suave acondicionador, mezcla unas cuantas cucharaditas de aceite de oliva con huevo y aplícatelo en el pelo mediante un masaje. Déjalo actuar durante quince minutos y después aclara.

¿CÓMO PUEDO CONTROLAR EL EXCESO DE GRASA EN EL PELO?

¿Tienes el pelo fino? Si es así, puede ser que sea más propenso a estar grasiento debido a que tienes más glándulas sebáceas en la cabeza y menos cantidad de pelo. La grasa del pelo está relacionada con las hormonas (las hormonas masculinas conocidas como andrógenos estimulan las glándulas sebáceas para que produzcan grasa). Probablemente tu cuerpo produzca más andrógenos que el de otras personas, lo que hace que tengas el pelo más graso. Además, seguramente tu pelo estará más grasiento justo antes del periodo, ya que los cambios hormonales empeoran el problema. Lávatelo tantas veces como sea necesario y utiliza champús que le den volumen en lugar de usar productos para el pelo graso, que suelen ser demasiado fuertes. Si la grasa le confiere un aspecto muy lacio, utiliza productos que le den cuerpo y aplica el acondicionador solo en las puntas, no en la raíz.

¡SOCORRO! CREO QUE ME ESTÁN SALIENDO CANAS POR CULPA DEL ESTRÉS

Curiosamente, existen estudios que demuestran que cuando se da a las ratas una dieta deficiente en vitamina B el pelo se les pone blanco, pero cuando se las alimenta con vitamina B recuperan el color. Los científicos creen que el estrés consume la vitamina B, por lo que puede existir una relación. En cualquier caso, el pelo no se pone canoso de la noche al día; si te salen canas mucho antes de lo que esperabas, puede que simplemente se deba a que tu madre, padre o abuelos también tuvieran el pelo canoso de forma prematura. Si no te gusta tener el pelo así, prueba a aplicarte un tinte que le devolverá su brillo natural y lo hará parecer más sano. No te arranques las canas, porque crecerán de nuevo más fuertes y se notarán más. Si solo tienes unas cuantas canas, puedes utilizar un tinte semi permanente que disimulará el tono gris. Toma también un suplemento de vitamina B, ¡por si acaso!

TENGO EL PELO MUY RIZADO Y ME GUSTARÍA TENERLO LISO. ¿CUÁL ES LA OPCIÓN MENOS DAÑINA?

Sécate el pelo con el secador mechón a mechón, alisándolo a medida que lo secas, para eliminar los rizos y utiliza alguno de los productos alisadores que existen en el mercado. Los alisadores con ceramidas son menos dañinos que los fuertes productos que se utilizaban antes y que freían el pelo casi desde la raíz.

También puedes alisártelo de manera permanente, pero para ello es necesario aplicar productos químicos que harán que tu pelo sea más vulnerable, así que ten cuidado si los utilizas. Aplícate un acondicionador completo durante un par de días antes del tratamiento y también después de forma regular. Asegúrate de ponerte en manos de un buen peluquero y nunca lo hagas tú misma.

La frase

"No importa que haya dos cabellos en el cepillo si queda uno en la cabeza".

William Hazlitt

¿Cuál es tu duda?

P   Tengo el pelo muy fino. ¿Es cierto que tiñéndolo parecerá que tengo más pelo?

R   *Es cierto que los tintes capilares pueden hacer que parezca que tienes más pelo porque recubren el cabello o lo abultan, o ambas cosas. Los tintes semi permanentes* *normalmente solo lo recubren, pero las coloraciones permanentes abultan el cabello y levantan la cutícula, lo que lo hace parecer más denso. Pero también pueden hacer que se enrede más, por lo que siempre hay que utilizar acondicionadores con el pelo teñido. Si no quieres teñírtelo, también puedes utilizar champús que le den volumen y productos al efecto. ¡Y si no cárdatelo!*

P   Ya que estamos hablando de pelos, ¿qué puedo hacer con los pelos que crecen hacia dentro en las piernas y en la zona de la ingle?

R   *No te antes de las cuatro, cinco o seis semanas y después procura mantener el pelo con una longitud de 1 milímetro más o menos. Para ello puedes utilizar una de esas cuchillas de hoja protegida que se compran en la farmacia. Prueba a aplicarte acondicionador para el pelo en las piernas todos los días para suavizar el vello e impedir que atraviese la piel cuando empiece a crecer. También puedes probar con la depilación por láser, que requiere varias sesiones ya que cada una de ellas solo elimina uno de cada cinco pelos, pero se trata de una buena solución a largo plazo.*

51

Terapia en el balneario

La primera vez que fui a un balneario, me sentí un poco abrumada. Cuando entré, lo primero que me encontré fue a dos mujeres desnudas retozando en un columpio, con las piernas en jarras. Recé para que no me pidieran que me uniera a ellas.

Ahora me doy cuenta de que esta experiencia que viví era una excepción y no la norma general. Puede que los primeros balnearios estuviesen frecuentados por ninfas desnudas que acariciaban caracolas, pero ya no es así.

Hoy en día, los mejores balnearios son paraísos que huelen divinamente, con terapeutas de voz dulce, luces indirectas y música de ruidos de la naturaleza. Las comidas son generosas, vino no es una palabra fea y, lejos de autorizar el nudismo, todo va dirigido a proteger el pudor.

Los balnearios son sitios maravillosos, pequeños mundos de fantasía de pura indulgencia, totalmente dedicados a la serenidad, paz y tranquilidad. Por este motivo, no lleves contigo el móvil ni hables alto. Puede que recuerden ligeramente al conocido espectáculo de los 60 *El prisionero*: numerosas personas deambulando con cara de estar encandilados (atónitos y en silencio gracias a los maravillosos masajes). Además, las suaves túnicas blancas pueden hacerte sentir como un número en lugar de cómo un nombre, como si estuvieses en el pabellón de un hospital. Aún así, para darte un capricho auténticamente femenino, no hay nada como pasar una tarde en un balneario para ahuyentar todas esas telarañas y hacerte sentir mujer otra vez.

Personalmente prefiero los hoteles con balneario, donde puedes pasar de la sala de tratamientos al bar y donde tienes excusa para salir de la bañera y colocarte unos tacones al anochecer. Preferiblemente, son mejores los que disponen de mucho terreno, de clases de fitness y de un menú que haga la boca agua; y también que tengan ese estrafalario toque final, como salas de juego, niñeras/guardería, camareros que pelen las uvas y ese tipo de cosas.

Si nunca antes has estado en un balneario, a continuación se enumeran algunos tratamientos/disciplinas que deberías probar y los beneficios que aportan.

Una buena idea

Planifica tu propia fiesta de cuidados personales. Llama a tus amigas, ponte tu mejor vestido y prueba con distintos maquillajes, lacas de uñas y peinados. Descarta cualquier frasco de perfume o barra de labios sin utilizar que simplemente no sean "tú". Puede que encuentres algunas gangas. A esto súmale unas botellas de champán y unas chocolatinas caras y estarás como en el cielo.

ACUPUNTURA

Terapia china ancestral que consiste en insertar unas finas agujas en determinados puntos del cuerpo (los canales de energía) para mejorar el flujo de dicha energía (conocido como chi) con el objetivo de restaurar el equilibrio del cuerpo y favorecer la sanación del mismo. Se utiliza para combatir el dolor de espalda y de articulaciones, los problemas digestivos, las alteraciones de la piel, la ansiedad y el insomnio, la depresión y los problemas menstruales.

REFLEXOLOGÍA

Masaje diagnóstico de los pies que utiliza los puntos de acupuntura para conferirle energía al cuerpo y favorecer la sanación. El terapeuta manipula suavemente determinados puntos de los pies para tratar las zonas más débiles. Es extremadamente relajante. Se utiliza para combatir el estrés, la ansiedad, los desórdenes del sueño, los dolores de espalda y de cuello, los desequilibrios hormonales, los trastornos digestivos y la migraña.

AYURVEDA

Sistema indio de curación de 5.000 años de antigüedad que implica el análisis del estilo de vida y del tipo de cuerpo, después de los cual se clasifica a la persona con el tipo metabólico vata, pitta o kapha. El tratamiento depende del tipo de cada uno, pero por lo general incluye algunos métodos como hierbas, aceites, consejos dietéticos, yoga, masajes y meditación. Se utiliza normalmente para combatir las alergias, los problemas de piel, los trastornos digestivos y los dolores ginecológicos.

TERAPIA DE PIEDRAS

Tratamiento curativo ancestral, que consiste en colocar piedras calientes y frías a lo largo de la columna vertebral y frotarlas suavemente contra el cuerpo para relajar los tejidos. Se dice que las piedras calientan los músculos de la espalda y reducen la tirantez y tensión. Adecuada para combatir el dolor muscular, la ansiedad y el dolor de espalda y de cuello.

CACI

Conocida como el "lifting facial no quirúrgico", esta terapia reafirma la piel mediante la transmisión de pequeños impulsos y señales eléctricas para estimular el tono muscular y mejorar el tejido epitelial. Por lo general se recomienda someterse a un curso de diez sesiones, pero ya después de la primera sesión podrás apreciar que estás más guapa, más fresca y menos flácida.

OXÍGENO FACIAL

Consiste en la limpieza, cremas reafirmantes e hidratación habituales que se aplican en los tratamientos faciales, y la utilización de deliciosos ungüentos. La única diferencia es la aplicación en profundidad de oxígeno rejuvenecedor en la piel mediante una inyección sin aguja, con un chorro a presión. Sirve para favorecer la elasticidad, reducir las líneas, mejorar la piel de los fumadores y de las personas con acné, y los resultados pueden ser sorprendentes.

MASAJE A CUATRO MANOS

Masaje sublime y muy completo administrado no por uno, si no por dos terapeutas que combinan movimientos cortos, profundos y largos para deshacer las contracturas. Aunque inicialmente pueda parecer poco ortodoxo, está perfectamente sincronizado y resulta muy intenso y agradable y profundamente relajante. Adecuado para combatir los problemas del sueño, el dolor de músculos, la ansiedad y el estrés.

La frase

"Es imposible sobrepasarse con el lujo".

Proverbio francés

¿Cuál es tu duda?

P Me gusta la idea del balneario, pero no estoy segura de si quiero desnudarme por completo. ¿Para cuántos tratamientos es necesario estar completamente desnuda?

R *No es necesario en todos los casos. Algunas terapias como el shiatsu, el masaje indio en la cabeza y la reflexología se desarrollan con toda la ropa puesta. Pero si te pi-*

den que te quites la ropa, por lo general suelen ofrecerte unos atractivos pantalones de papel que puedes utilizar si lo prefieres. Además, el terapeuta suele salir de la habitación mientras te desvistes, la luz suele ser tenue y te ofrecen toallas para taparte. No suele haber una cámara de vídeo grabando la escena, ni público ni nada por el estilo.

P ¿Es necesario dar propina?

R *Suele darse una propina del 10-15 por ciento de la cuenta, lo mismo que en las peluquerías. Puedes dársela en mano al terapeuta cuando termine con el tratamiento o sumárselo a la cuenta, pero no te sientas en la obligación de darla; si no te ha gustado el tratamiento, no tienes por qué dar propina.*

P Cuando me someto a una terapia, prefiero tumbarme y cerrar los ojos en lugar de charlar con el terapeuta. ¿Cómo puedo hacérselo saber de manera sutil?

R *Los terapeutas están acostumbrados a que la gente se duerma, así que no se ofenderán. Al principio, dile lo que te pasa, lo que te duele, si quieres que aplique más presión en una determinada zona de la espalda o los hombros y cosas por el estilo. Cuando empiece a trabajar, cierra los ojos y dile algo como que te perdone si te quedas dormida, que suele ocurrirte cuando te dan un masaje. Captará el mensaje. (Si prefieres un terapeuta de tu mismo sexo, indícalo cuando hagas la reserva).*

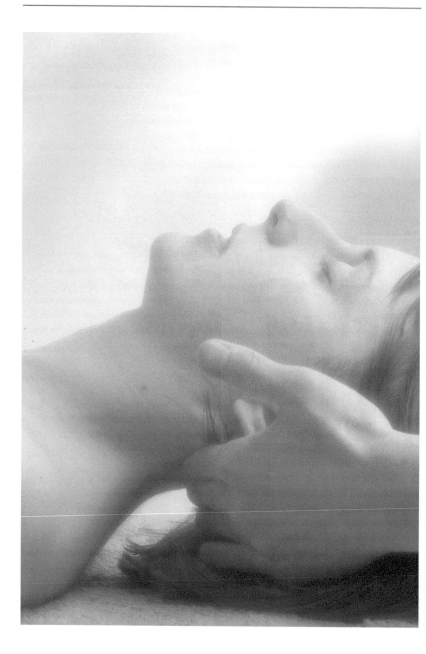

52

La belleza de la A a la Z

Cuando se trata de la belleza tanto interior como exterior, hay más de una forma de despellejar al gato.

Prueba estos 26 trucos de belleza para estar más guapa y elegante, para tener más seguridad en ti misma y para estar más resplandeciente.

A: Técnica de Alexander

Adecuada para mejorar la postura y liberar el estrés, aliviar el dolor muscular y las heridas. También puede ayudarte a respirar mejor.

B: Bálsamo

Un pequeño frasco puede servir para mucho. Aplícatelo en los labios, utilízalo para controlar tus pestañas y para ablandar las cutículas y extiéndelo sobre el maquillaje para darle un suave toque de brillo a tus mejillas.

C: Vitamina C

Fortalece el sistema inmunitario, es beneficiosa para el corazón, contribuye a combatir los radicales libres y protege contra el cáncer. También es estupenda para la piel y los dientes, los huesos y las encías. Las moras negras, los pimientos rojos, las naranjas y los kiwis son grandes fuentes de esta vitamina.

D: Diente de león

El té de diente de león es un gran diurético que contribuye a rebajar la hinchazón y además es una gran fuente de vitamina B. Alterna tus trucos de belleza con una taza de este té.

E: Ojeras

Introduce un par de cucharillas de café en la nevera y después túmbate y colócatelas sobre los ojos durante diez minutos; es un truco muy barato y divertido.

F: Flequillo

Hace que tus ojos parezcan más grandes, resalta tus facciones y te hace parecer más joven.

G: Geles

Los geles y los sueros anti edad son mejores que las cremas para las pieles grasas. Procura no abusar de las cremas hidratantes porque pueden hacer que la piel se ponga más grasa aún y sea más propensa a las erupciones.

H: Humidificadores

Una buena forma de mantener la piel hidratada si estás en una habitación con aire acondicionado o calefacción central. También puedes colocar un cuenco con agua junto al radiador por la noche para evitar que la piel se reseque.

I: Masaje indio de la cabeza

Terapia ancestral basada en Ayurveda. Vitalizante, relajante y rejuvenecedor.

J: Aceite de enebro

Estimulante y energizante. Agrega unas cuantas gotas al agua del baño. Estupendo para la celulitis y como tónico para la piel.

K: Naranjas chinas

Sabrosa fruta cítrica, rica en fitonutrientes beneficiosos para la piel y en vitamina C.

L: Alargar las piernas

Alarga tus piernas con un par de medias ligeras, que suavizan todas las irregularidades de la piel y atraen la atención hacia abajo.

M: Caballa

Rica en ácidos grasos esenciales, beneficiosos para la piel, los ojos, el cerebro y el estado de ánimo. Procura tomar tres raciones de pescado graso todas las semanas. Las sardinas, la trucha y el atún fresco son ricos en ácidos grasos esenciales.

N: Uñas

¿Tienes pesadillas con las uñas? Límatelas perpendicularmente a los dedos y dales forma cuadrada; es la mejor forma de evitar que se rompan.

O: Optimismo

Puede fortalecer tu sistema inmunológico, según dicen los científicos ¿Cómo ser más optimista? Enumera diez cosas positivas que te hayan ocurrido hoy.

P: Percal

Se utiliza para medir la calidad de la ropa de cama. Cuanto más alto sea el número, más suaves y mejores para la piel son las sábanas. Las sábanas buenas contribuyen a regular la temperatura corporal, lo que facilita el sueño.

Q: Quitamanchas rápido

Para eliminar las manchas de las uñas, sumérgelas en zumo de limón y después aplícales vaselina para hidratarlas.

R: Reiki

Palabra japonesa que quiere decir "fuerza vital universal". Se basa en el principio de que si el flujo de energía de tu cuerpo se estanca, serás más propensa a padecer enfermedades y a estar baja de ánimo. Se trata de un suave masaje que se aplica con las manos; el masajista coloca las manos sobre tu cuerpo para que puedas sentir un delicioso calor "curativo" que recurre tu cuerpo.

S: Pelo liso

Favorece las caras redondas porque suaviza las facciones y las achica. Para mantener el pelo completamente liso, sécatelo con el secador empezando por las capas inferiores dirigiendo el chorro de aire caliente que sale por la boquilla del secador directamente sobre el pelo en toda su longitud. Cuando esté completamente seco, utiliza la plancha de cerámica para alisar y pulveriza un poco de laca.

T: Bronceado

La piel bronceada hace parecer más delgada y estilizada. ¿El mejor tono de bronceado? Saint Tropez es el lugar elegido por lo gurus de la belleza.

U: Rayos UVA y UVB

Los rayos UVA dañan el tejido protector de la piel y las células que producen colágeno, que mantiene la piel elástica y estirada. El daño reiterado a estas células puede llevar al cáncer de piel.

Los rayos UVB queman literalmente el tejido epitelial y producen la rojez y dolor asociados a las quemaduras solares. No olvides utilizar cremas de protección solar en todo momento; siempre con un SPF superior a 15. Aplícatela regularmente y utiliza también productos para el pelo con factor de protección solar.

V: Venas

Las venas de araña que aparecen en la cara y en las piernas empeoran con la edad. Tienes la opción de tratarlas con electrolisis, con escleroterapia o con láser. Disimúlalas con un producto al efecto, aplicado sobre la base de maquillaje.

W: DIARIO

Los estudios demuestran que el hecho de elaborar un diario o anotar tus penas y preocupaciones puede contribuir a combatir el estrés y a reducir el cansancio.

X: Cromosomas X

Ya los tienes, así que lúcelos. Haz algo realmente femenino todos los días; aplícate un tratamiento facial, compra unas flores, ponte tacones, sal de copas con tus amigas. Mímate.

Y: Yoga

El camino hacia unas extremidades largas y delgadas y una mente equilibrada. Si te gusta sudar cuando haces ejercicio, prueba con Astanga, una serie de cardio-ejercicios dinámicos.

Z: Vitalidad

Pon más limón en tu vida. Es un color alegre, cálido y edificante. Los limones ácidos están repletos de vitamina C que fortalece el sistema inmunológico, así que hazte tu propia limonada casera.

¿Cuál es tu duda?

P   Ya que estamos viendo los trucos de la A a la Z, ¿podrías decirme otro con la "P"?

R   *Por "P" también empieza poros, que son las aberturas de los folículos con glándulas sebáceas y que por lo general se aprecian más en la zona T. También se notan más si tienes la piel grasa y con la edad se notan aún más porque la piel pierde su elasticidad. No se puede hacer nada para reducirlos, pero lavarse la cara con agua fría contribuye a disimularlos temporalmente. Exfolia la piel con frecuencia para que no se acumulen las células epiteliales muertas, procura aplicarte el maquillaje con movimientos hacia abajo y no hidrates en exceso esta zona.*

P   ¿Y otro más?

R   *Por "P" también empiezan las pinturas de mujeres bellas que te pueden servir como inspiración. No me refiero a las supermodelos tipo palo, si no a las bellezas que inmortalizaron artistas mundialmente conocidos como Rubens, Miguel Ángel, Ticiano y Renoir. Compra algunos libros de arte y colócalos sobre la mesa de tu sala de estar para que te sirvan como recordatorio de que la belleza de las mujeres reales (con curvas y rizos) trasciende al tiempo.*